KB023571

초등학생을 위한

표준 한국어 익힘책

고학년
의사소통 1

초등학생을 위한

표준 한국어 익힘책

국립국어원 기획 | 이병규 외 집필

고학년

의사소통 1

마리북스

발간사

    국립국어원에서는 교육부 2012년 '한국어 교육과정' 고시에 따라 교육과정을 반영한 학교급별 교재 개발을 진행하였습니다. 이어서 2017년 9월에 '한국어 교육과정'이 개정·고시(교육부 고시 제2017-131호)됨에 따라 2017년에 한국어(KSL) 교재 개발 기초 연구를 수행하였고, 연구 결과를 바탕으로 초등학교 교재 11권, 중고등학교 교재 6권을 개발하여 2019년 2월에 출판하였습니다.

    교재에 더하여 학교 현장에서 다문화가정 학생들의 한국어 의사소통 능력 및 학습 능력 함양에 보탬이 되고자 익힘책을 개발하게 되었습니다. 교재와의 연계성을 높인 내용으로 구성하여 말 그대로 익힘책을 통해 한국어를 더 잘 익힐 수 있도록 노력하였습니다. 더불어 익힘책의 내용을 추가 반영한 지도서를 함께 출판하여 현장에서 애쓰시는 일선 학교 담당자들과 선생님들에게도 교재 사용의 길라잡이를 제공하고자 하였습니다.

    '다문화'라는 말이 더 이상 낯설지 않은 한국 사회에서 다문화가정 학생들이 한국 사회 구성원으로서의 정체성 함양에 밑거름이 되는 한국어 능력을 기르는 데《초등학생을 위한 표준 한국어》가 도움이 되기를 바랍니다. 국립국어원에서는 이제껏 그래왔듯이 교재 개발 결과가 현장에서 보다 잘 활용될 수 있도록 돕기 위하여 교재 개발은 물론 교원 연수 등을 통해 지속적으로 다문화가정 학생들의 한국어 능력 향상을 위해 노력하겠습니다.

    끝으로 3년간《초등학생을 위한 표준 한국어》교재와 익힘책, 지도서 개발과 발간을 위해 애써 주신 교재 개발진과 출판사에 깊은 감사의 말씀을 드립니다.

2020년 1월
국립국어원장 소강춘

머리말

새로 발행되는《초등학생을 위한 표준 한국어 익힘책》은 2019년에 개정되어 출판된《초등학생을 위한 표준 한국어》와 함께 사용하는 보조 교재입니다. 본교재로서《초등학생을 위한 표준 한국어》는 고학년과 저학년의 학령과 숙달도에 맞게 각 4권, 총 8권으로 출판된 〈의사소통 한국어〉 교재와 세 학년군, 세 권 책으로 분권 출판된 〈학습 도구 한국어〉 교재를 통해 초등학생들의 한국어(KSL) 학습의 바탕이 되고 있습니다. 익힘책 교재는 이들 교재와 긴밀하게 연계된 단원 구성을 가지고 있으며, 본교재의 한국어(KSL) 학습 내용을 다시 떠올리고 관련된 연습 활동을 충분히 수행할 수 있도록 구성되었습니다.

〈초등학생을 위한 표준 한국어 의사소통 익힘책〉은 〈의사소통 한국어〉 교재와 연계되어 있으며 일상생활과 학교생활의 다양한 장면 속에서 어휘와 문법을 연습할 수 있도록 편찬되었습니다. 무엇보다도 〈의사소통 한국어〉 본단원에서 학습한 목표 어휘와 문법을 다양한 상황에 따라 사용할 수 있고 말하고, 듣고, 읽고 쓰는 주요한 언어 기능의 통합적 사용을 되새기며 연습할 수 있도록 하는 활동이 주요하게 제시되었습니다. 〈학습 도구 한국어〉 교재와 연계된 〈초등학생을 위한 표준 한국어 학습 도구 익힘책〉은 교실 수업과 교과 학습 상황에 필요한 주요한 어휘와 학습 개념을 복습하고 활용하는 내용들로 채워져 있습니다. 본단원에서 제시된 학습 도구 어휘, 교과 연계적 개념과 기능들을 특히 읽기와 쓰기의 문식성 활동들을 통해 되새기고 연습할 수 있도록 합니다.

2019년에 개정 출판되었던《초등학생을 위한 표준 한국어》교재와 마찬가지로, 새로 출판되는《초등학생을 위한 표준 한국어 익힘책》역시 초등학생 학습자와 초등 교육 현장의 특성을 충분히 이해하고 반영하려는 여러 노력들을 바탕으로 한 것입니다. 익힘책 편찬에서는 교실에서의 학습 조건이나 교재를 활용하는 다양한 환경이 많이 고려되었습니다. 학습자와 교사 모두가 본교재에 접근하는 데에 실질적인 도움을 얻고 어려움을 덜 수 있도록 익힘책이 보조하도록 하였습니다.

《초등학생을 위한 표준 한국어 익힘책》편찬을 위해 많은 관심과 지원을 아끼지 않은 국립국어원 소강춘 원장님을 비롯한 관계자 여러분께 감사드립니다. 본교재와 더불어 익힘책 교재로 이어졌던 고된 집필을 마무리하기까지, 노력과 진심을 다해 주신 연구 집필진 선생님들께, 그리고 마리북스 정은영 대표를 비롯한 출판에 도움을 주신 많은 분들께도 감사의 마음을 전합니다.

2020년 1월
연구 책임자 이병규

《표준 한국어 익힘책 1》은 모두 5차시로 구성되어 있으며, 《표준 한국어 1》의 필수 차시와 연계하여 학습합니다. 《익힘책 1》은 읽기, 쓰기 위주로 학습자의 자기 주도 학습이 가능하도록 하였고, 목표 어휘와 목표 문법을 반복 연습할 수 있도록 구성하였습니다. 《익힘책 1》을 마친 후 '잘 배웠나요?'를 통해 이 책을 잘 배웠는지 종합 정리할 수 있습니다.

단원 번호와 단원명

단원의 주제를 제목으로
제시하였습니다.

차시 번호와 차시 제목

해당 차시의 주제를
제목으로 제시하였습니다.

목표 어휘 연습

학습 대상 어휘를 다양한
활동을 통하여 연습합니다.

목표 어휘와 문법 연습

학습한 어휘와 문법을 함께
활용하여 구나 문장 만들기
연습을 합니다.
주의해야 할 문법 항목이 있는
문장 앞에 ★표 했습니다.

8 바른 생활

1 음식

1. 연결해 봅시다. 써 봅시다.

① 고기　　② 요구르트　　③ 과일

④ 우유　　⑤ 야채　　⑥ 과자

2. 써 봅시다. 읽어 봅시다.

1) 써 보세요.

① 과일을 먹고 싶어요.
② 야채를 먹_____.
③ 우유를 마시_____.

✏️ 고기, 요구르트, 과일, 우유, 야채, 과자
📖 -고 싶어요

● 〈의사소통 한국어〉 236~237쪽

연계 안내

〈의사소통 한국어 1〉의 연계
쪽수를 안내합니다.

2) 써 보세요.

오딜은	엠마는	장위는
친구와 이야기하고 싶어요.		

① 친구와 이야기하다   ② 선생님께 편지를 쓰다   ③ 운동장에서 발야구하다

목표 문법 심화 연습

학습한 문법 형태를 활용하여
문장이나 대화 만들기 연습을
합니다.

3. 연결해 봅시다.

① 방과 후에 뭐 하고 싶어? •   • 고기하고 야채 먹고 싶어.

② 오늘 저녁에 뭐 먹고 싶어? •   • 놀이공원에 가고 싶어.

③ 일요일에 어디 가고 싶어? •   • 친구들하고 배드민턴 치고 싶어.

듣기/읽기 연계 활동

〈의사소통 한국어 1〉에서 학습한
듣기/읽기의 내용을 정확하게
이해할 수 있도록 연습합니다.

4. 여러분은 어때요? 3번 질문에 내 대답을 써 봅시다.

① 나는 방과후에 _____

② _____.

③ _____.

8. 바른 생활 • 141

적용 활동

공부한 내용을 일상생활 상황에
적용하고 실천하며 내면화합니다.

○ 한글의 자음자와 모음자

1 ㅏ, ㅓ

1. 알아봅시다.

ㅏ	ㅏ	ㅏ	ㅏ	ㅏ	
ㅓ	ㅓ	ㅓ	ㅓ	ㅓ	

2. 써 봅시다.

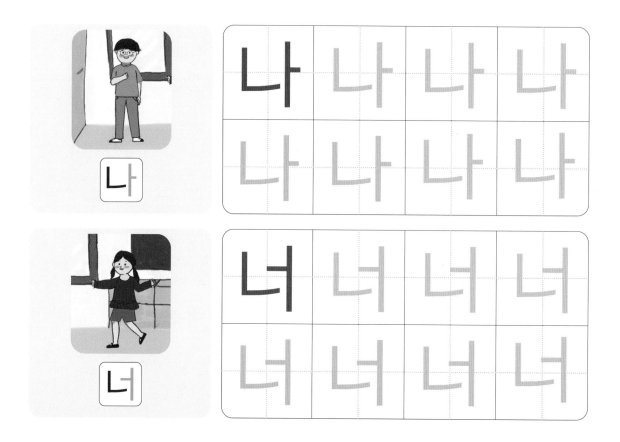

나

너

3. 듣고 써 봅시다.

① [   ]   ② [   ]   ③ [   ]

4. ㅏ와 ㅓ를 찾아봅시다.

2 ㅗ, ㅜ

1. 알아봅시다.

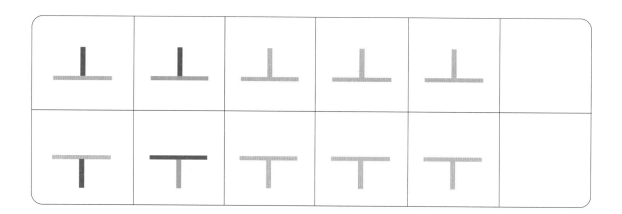

2. 써 봅시다.

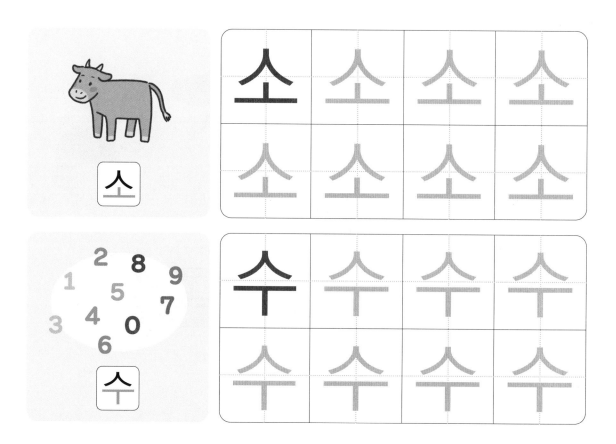

3. 듣고 써 봅시다.

① [   ]　　② [   ]　　③ [   ]

4. ㅗ와 ㅜ를 찾아봅시다.

소

2　8
1　　9
5　7
3　4　　
6　0
6　수

구두

오이

우유

모자

코

3 ㅡ, ㅣ

1. 알아봅시다.

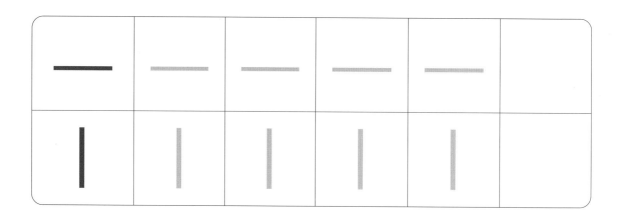

2. 써 봅시다.

3. 듣고 써 봅시다.

① [　] ② [　][　]

4. ㅡ와 ㅣ를 찾아 색칠해 봅시다.

3. ① 버 ② 배구

1. 알아봅시다.

ㅐ	ㅐ	ㅐ	ㅐ	ㅐ	
ㅔ	ㅔ	ㅔ	ㅔ	ㅔ	

2. 써 봅시다.

3. 듣고 써 봅시다.

① ☐   ② ☐

4. ㅐ와 ㅖ를 찾아 색칠해 봅시다.

1. 알아봅시다.

ㅏ	ㅑ	ㅏ	ㅑ	ㅑ	
ㅓ	ㅕ	ㅓ	ㅕ	ㅕ	

2. 써 봅시다.

3. 듣고 써 봅시다.

①

②

4. ㅑ와 ㅕ를 찾아 색칠해 봅시다.

6 ㅛ, ㅠ

1. 알아봅시다.

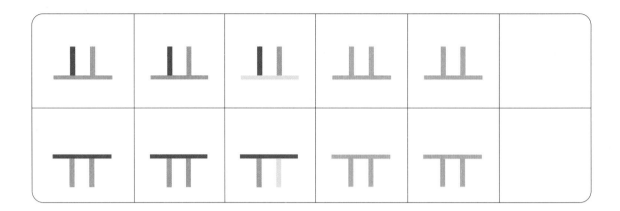

2. 써 봅시다.

3. 듣고 써 봅시다.

① [ ]

② [ ]

③ [ ]

④ [ ][ ]

⑤ [ ][ ]

4. ㅛ와 ㅠ를 찾아봅시다.

요리

우유

요가

유리

요요

요구르트

두유

1. 연결해 봅시다. 써 봅시다.

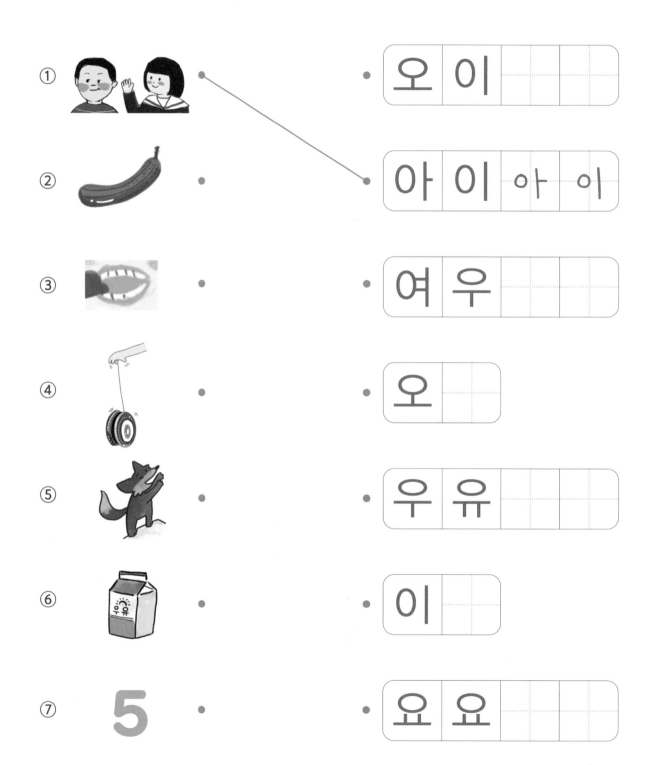

① | 오 | 이 | | |

② | 아 | 이 | 아 | 이 |

③ | 여 | 우 | | |

④ | 오 | |

⑤ | 우 | 유 | | |

⑥ | 이 | |

⑦ **5** | 요 | 요 | | |

2. 그림에 맞는 낱말을 찾아봅시다. ○표를 해 봅시다.

오	우	이	오	요
이	여	우	비	요
소	유	유	시	개
요	수	너	아	버
리	게	나	이	스

8 ㄱ, ㅋ

1. 알아봅시다.

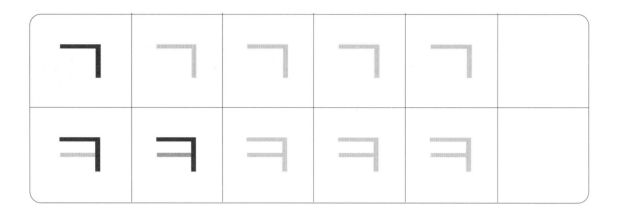

2. 써 봅시다.

3. 연결해 봅시다. 써 봅시다.

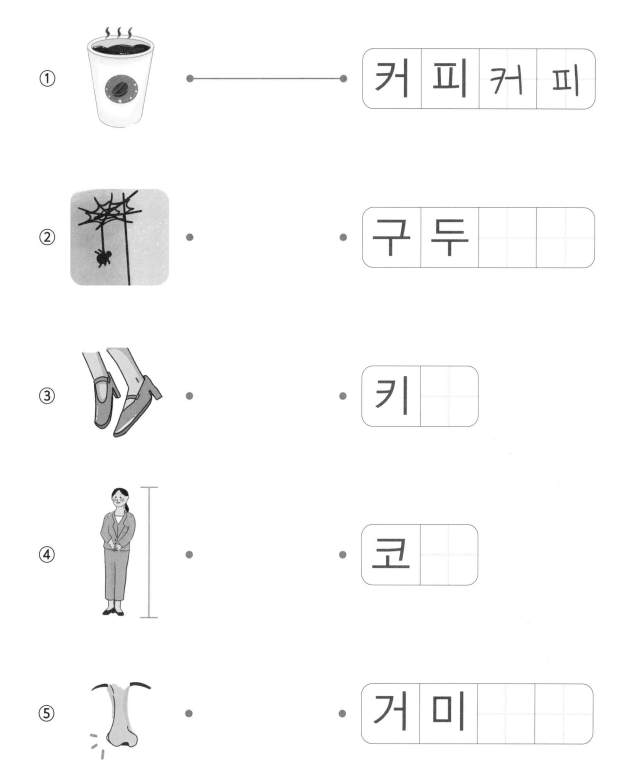

1. 알아봅시다.

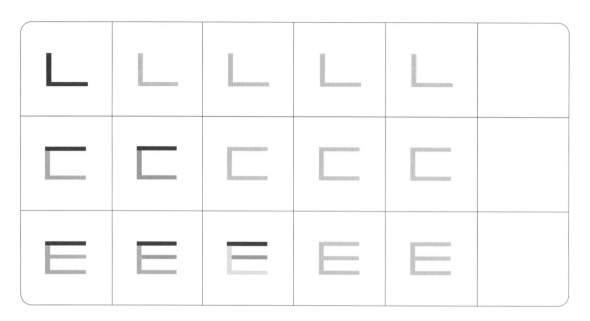

2. 써 봅시다.

토 끼

3. 연결해 봅시다. 써 봅시다.

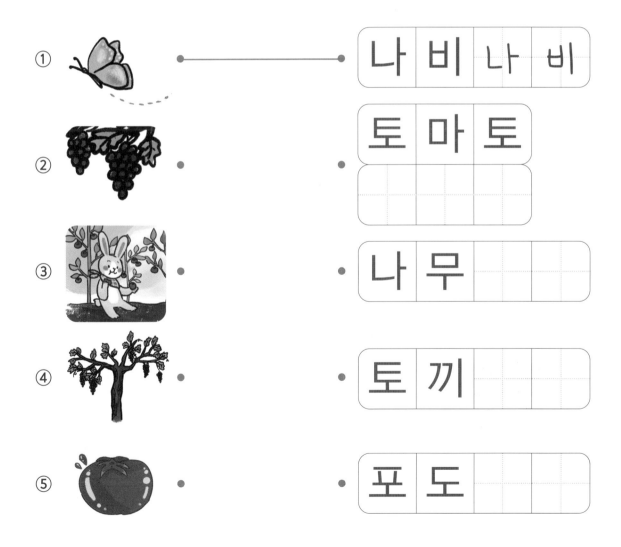

① 나 비 나 비

② 토 마 토

③ 나 무

④ 토 끼

⑤ 포 도

1. 알아봅시다.

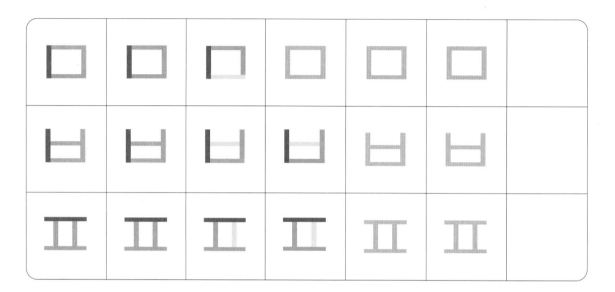

2. 써 봅시다.

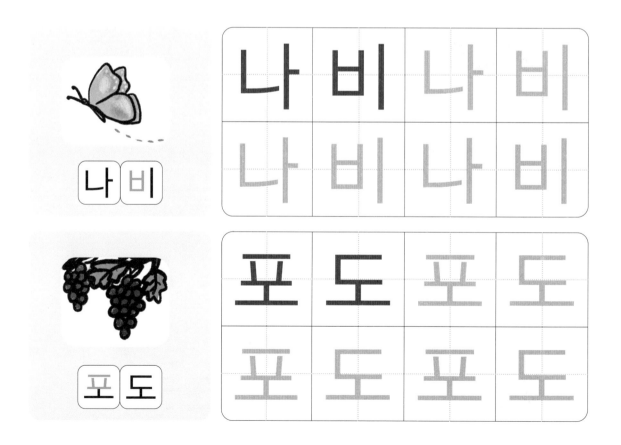

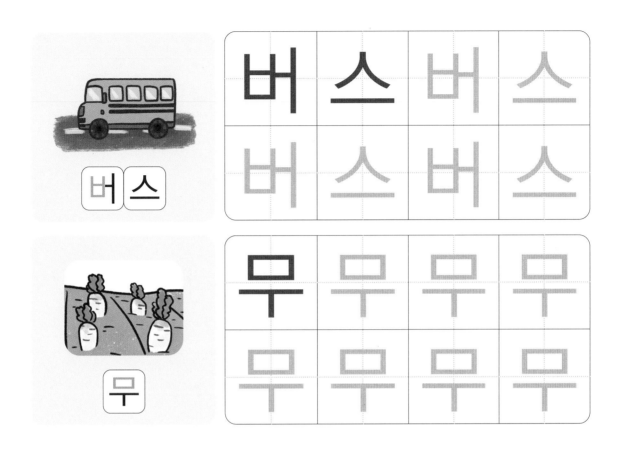

3. 그림을 보고 낱말을 써 봅시다.

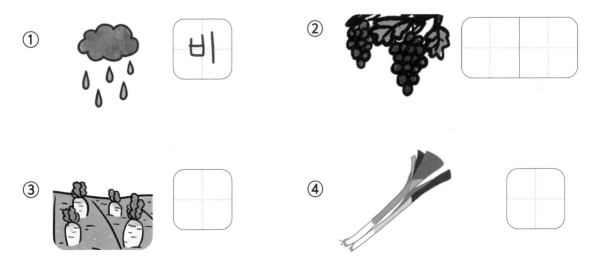

① 비

②

③

④

1. 알아봅시다.

2. 써 봅시다.

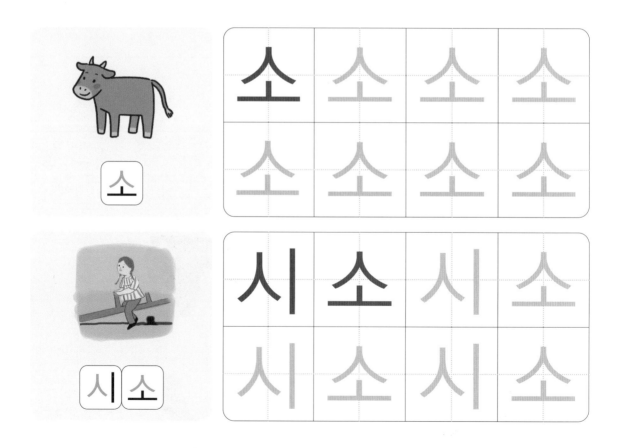

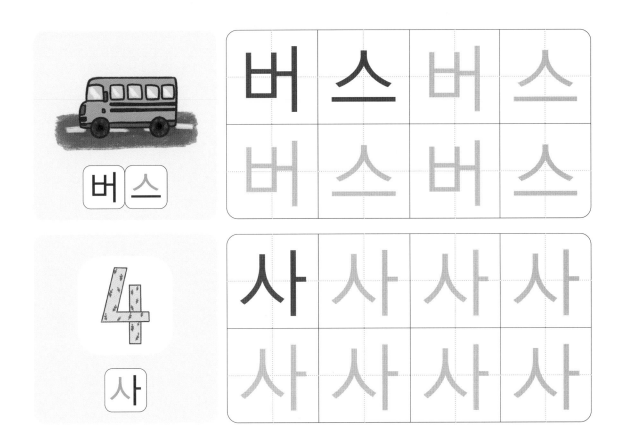

3. 연결해 봅시다. 써 봅시다.

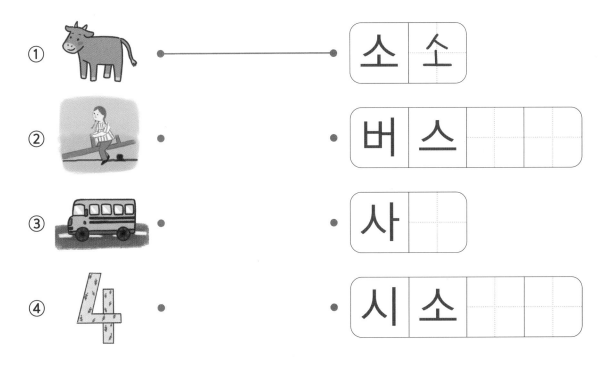

12 ス, ㅊ

1. 알아봅시다.

ㅈ	ㅈ	ㅈ	ㅈ	ㅈ	
ㅊ	ㅊ	ㅊ	ㅊ	ㅊ	

2. 써 봅시다.

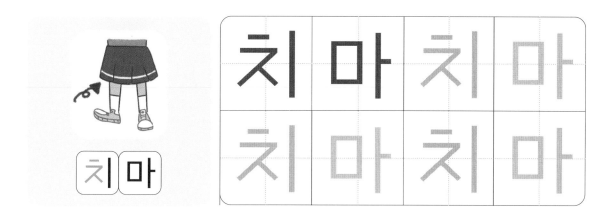

3. 그림을 보고 낱말을 써 봅시다.

13 ㄹ

1. 알아봅시다.

2. 써 봅시다.

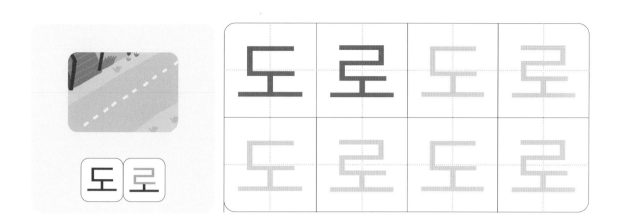

3. '리' 자로 끝나는 말을 읽고 써 봅시다.

① 유 리 유 리

② 머 리

③ 오 리

④ 개 나 리

⑤ 개 구 리

1. 알아봅시다.

ㅎ	ㅎ	ㅎ	ㅎ	ㅎ	

2. 써 봅시다.

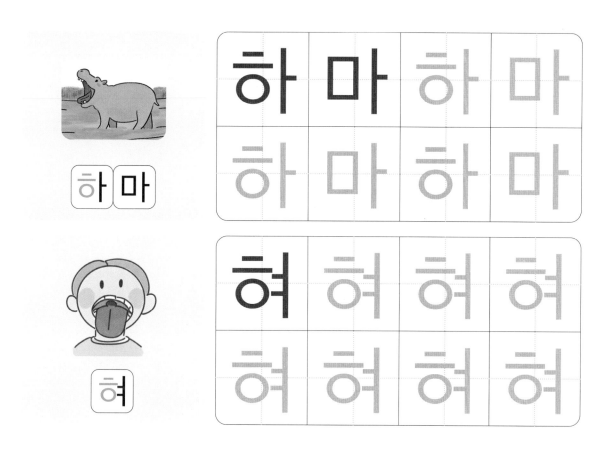

하마

혀

3. 읽어 봅시다. 써 봅시다.

1. 알아봅시다.

ㄲ	ㄲ	ㄲ	ㄲ	ㄲ	
ㄸ	ㄸ	ㄸ	ㄸ	ㄸ	
ㅃ	ㅃ	ㅃ	ㅃ	ㅃ	ㅃ
ㅃ	ㅃ	ㅃ	ㅃ	ㅃ	
ㅆ	ㅆ	ㅆ	ㅆ	ㅆ	
ㅉ	ㅉ	ㅉ	ㅉ	ㅉ	

2. 써 봅시다.

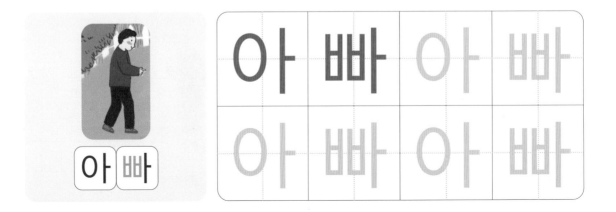

아빠

아	빠	아	빠
아	빠	아	빠

3. '묵찌빠' 놀이를 해 봅시다.

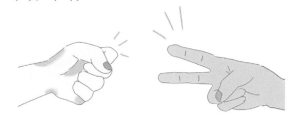

1. 연결해 봅시다. 써 봅시다.

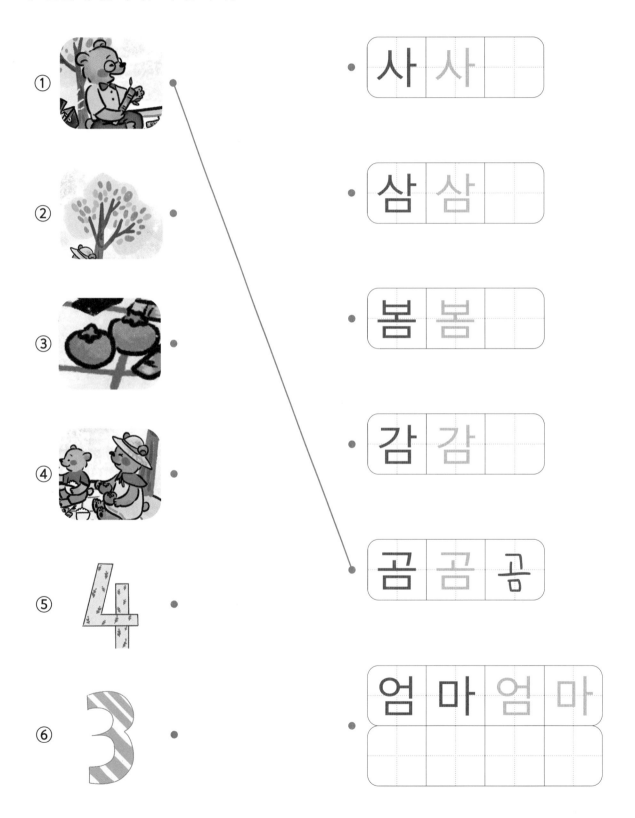

2. 써 봅시다.

3. 들고 써 봅시다.

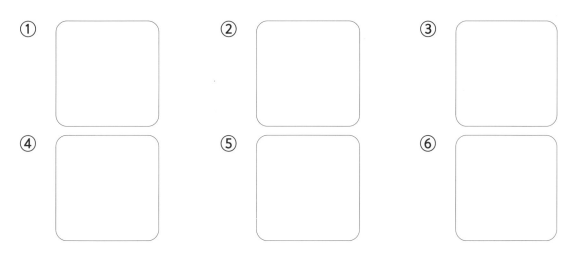

1. 연결해 봅시다. 써 봅시다.

① 차 차 차

② 콩 콩

③ 강 강

④ 코 코

⑤ 창 창

⑥ 벼 벼

⑦ 공 공

⑧ 병 병

2. 써 봅시다.

3. 듣고 써 봅시다.

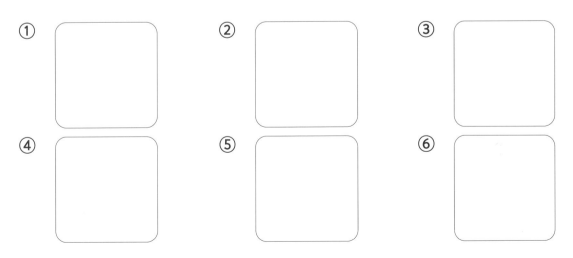

1. 연결해 봅시다. 써 봅시다.

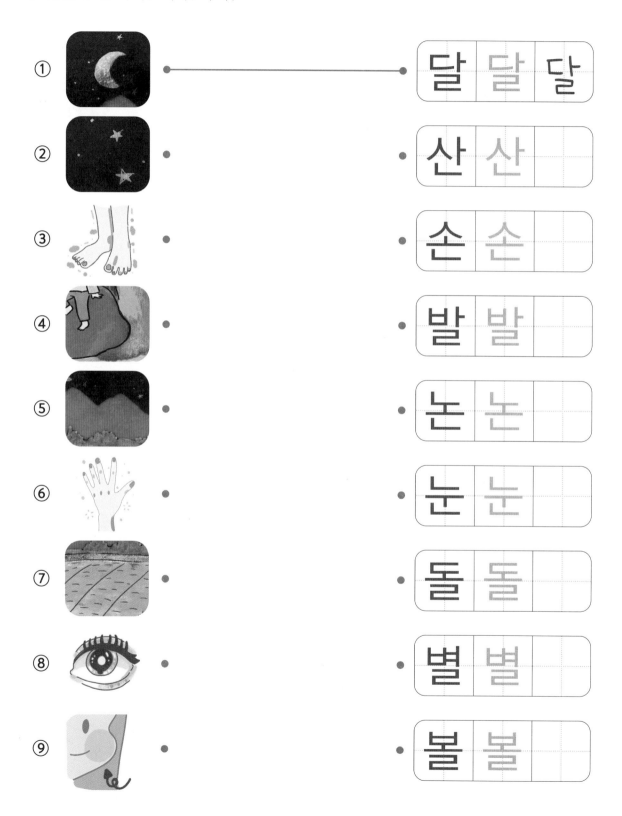

① · ——————— · 달 달 달

② · 산 산

③ · 손 손

④ · 발 발

⑤ · 논 논

⑥ · 눈 눈

⑦ · 돌 돌

⑧ · 별 별

⑨ · 볼 볼

2. 써 봅시다.

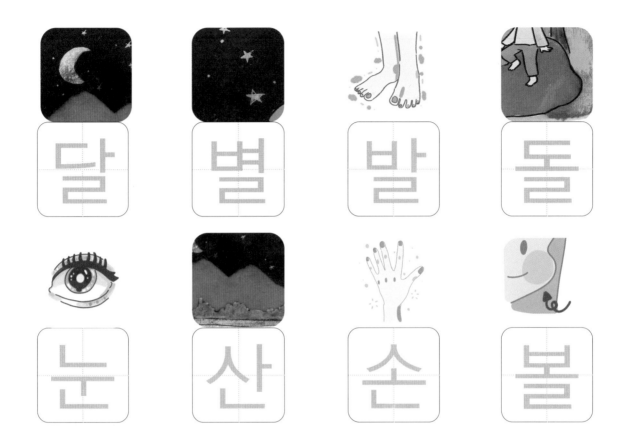

3. 들고 써 봅시다.

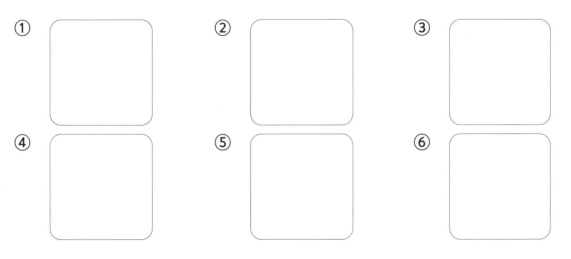

1. 연결해 봅시다. 써 봅시다.

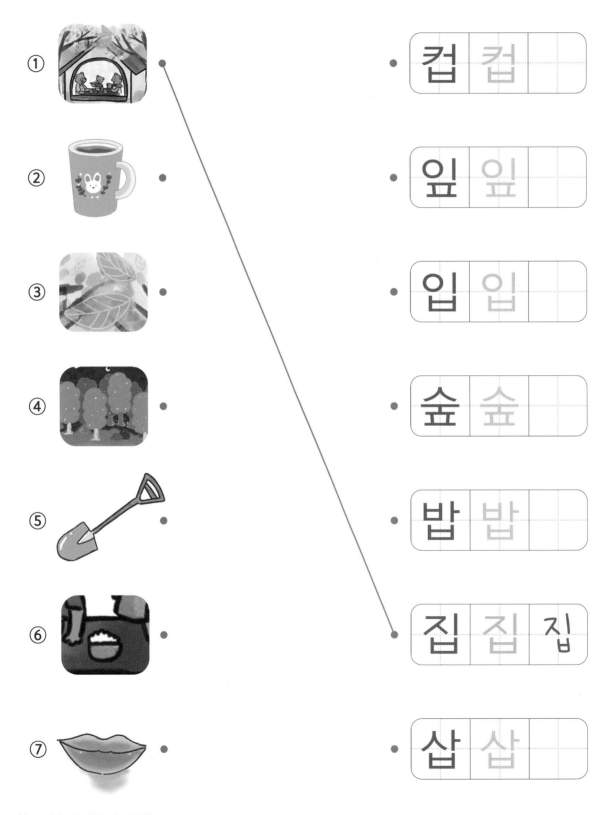

①   ·   · | 컵 | 컵 | |

②   ·   · | 잎 | 잎 | |

③   ·   · | 입 | 입 | |

④   ·   · | 숲 | 숲 | |

⑤   ·   · | 밥 | 밥 | |

⑥   ·   · | 집 | 집 | 집 |

⑦   ·   · | 삽 | 삽 | |

2. 써 봅시다.

집 컵 잎 숲

삽 밥 입

3. 듣고 써 봅시다.

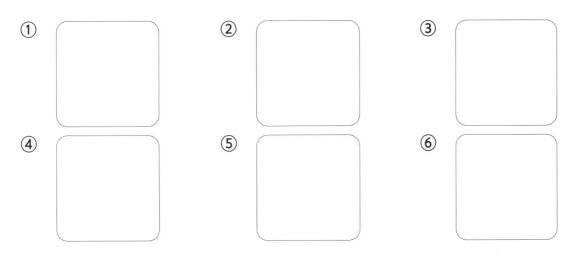

① ② ③

④ ⑤ ⑥

20 받침 ㄱ, ㄲ, ㅋ

1. 연결해 봅시다. 써 봅시다.

2. 써 봅시다.

3. 듣고 써 봅시다.

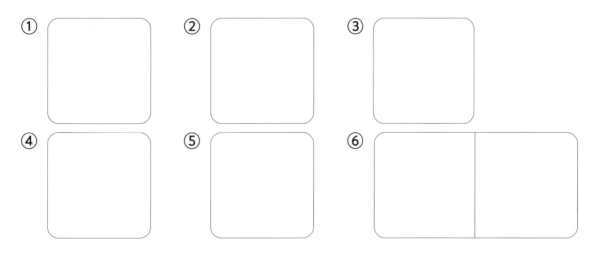

① ② ③

④ ⑤ ⑥

1. 연결해 봅시다. 써 봅시다.

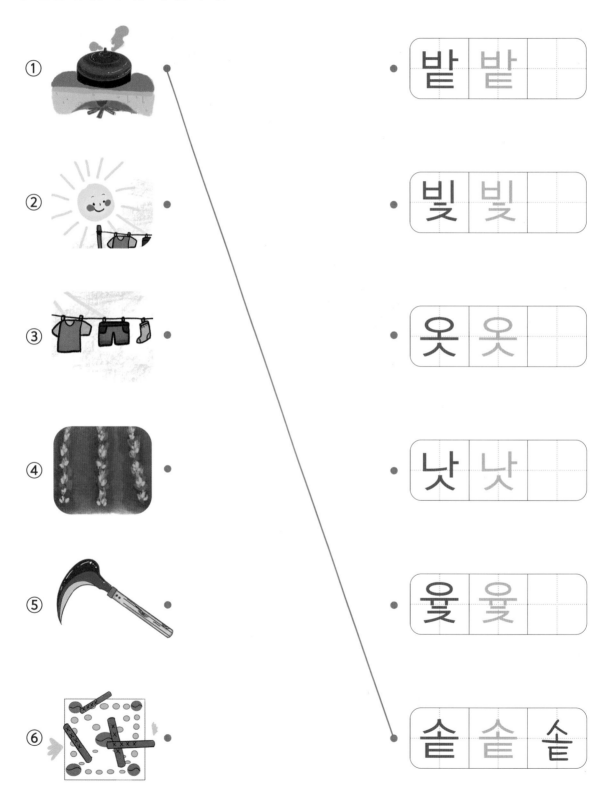

① ● ● 밭 밭

② ● ● 빛 빛

③ ● ● 옷 옷

④ ● ● 낫 낫

⑤ ● ● 윷 윷

⑥ ● ● 솥 솥 솥

2. 써 봅시다.

3. 듣고 써 봅시다.

①   ②   ③

④   ⑤   ⑥

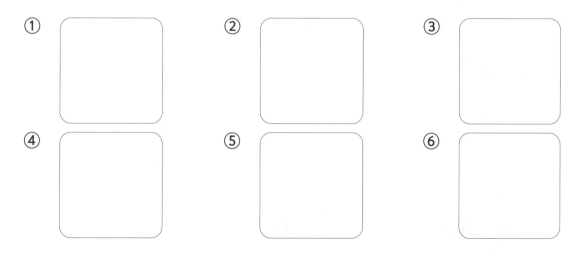

3. ① 톱 ② 숭 ③ 옷 ④ 밤 ⑤ 밑 ⑥ 낫

1. 연결해 봅시다.

①  •

②  •

③  •

④  •

⑤  •

⑥  •

• 닭

• 앉 다

• 많 다

• 읽 다

• 밝 다

• 없 다 없 다

2. 써 봅시다.

많다 밝다 읽다

앉다 없다 넓다

3. 골라 봅시다.

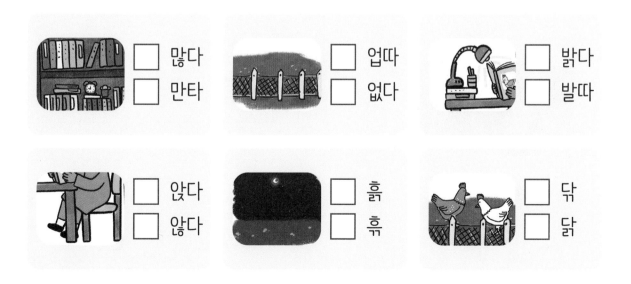

- 많다 / 만타
- 업따 / 없다
- 밝다 / 발따
- 앉다 / 않다
- 흑 / 흙
- 닥 / 닭

1. 알아봅시다.

ㅒ	ㅒ	ㅒ	ㅒ	ㅒ	
ㅖ	ㅖ	ㅖ	ㅖ	ㅖ	

2. 써 봅시다.

애	기	애	기
애	기	애	기

애기

계	단	계	단
계	단	계	단

계단

3. 듣고 써 봅시다.

①

②

4. 연결해 봅시다. 써 봅시다.

①

②

③

・

・

・

・

계	단		

시	계		

애	기	얘	기

24 ㅘ, ㅝ

1. 알아봅시다.

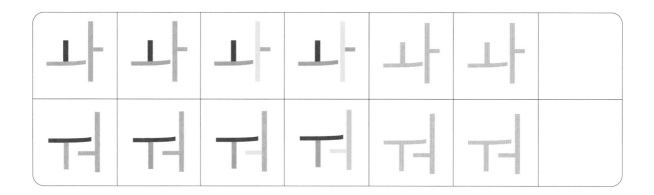

2. 써 봅시다.

3. 듣고 써 봅시다.

①

②

4. 연결해 봅시다. 써 봅시다.

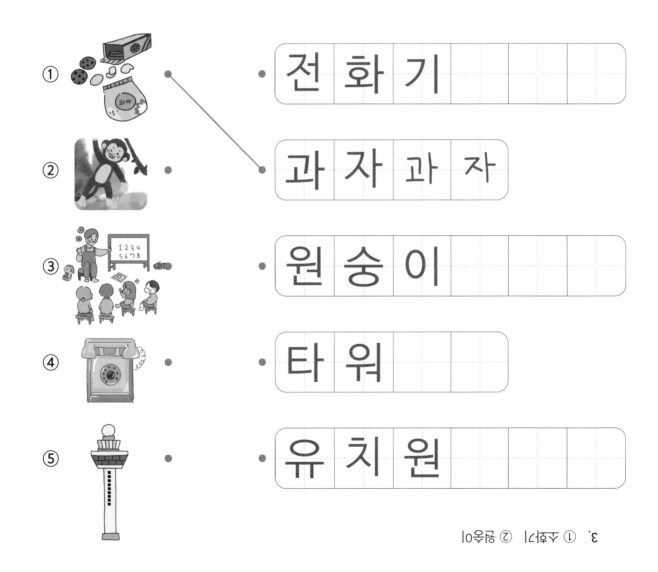

① · · 전 화 기

② · · 과 자 과 자

③ · · 원 숭 이

④ · · 타 워

⑤ · · 유 치 원

1. 알아봅시다.

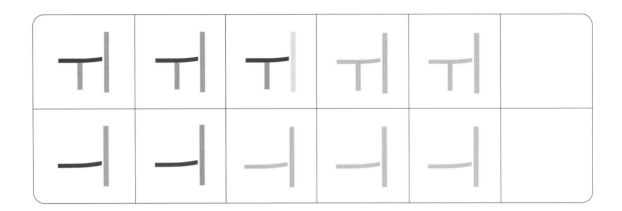

2. 써 봅시다.

3. 듣고 써 봅시다.

① ② ③

4. 연결해 봅시다. 써 봅시다.

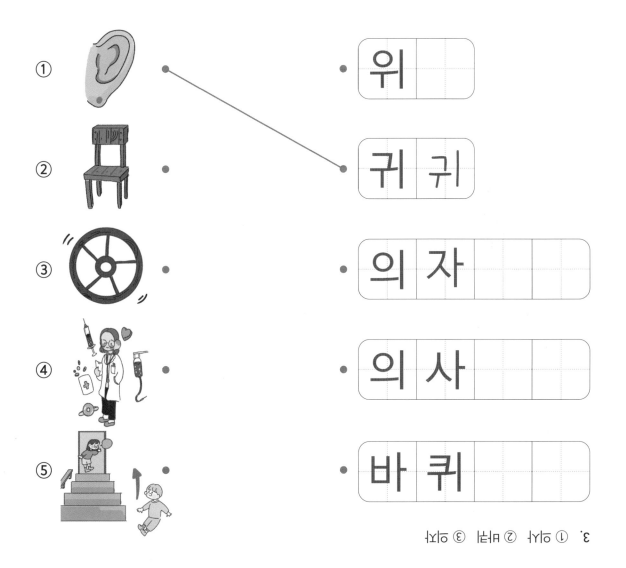

①

②

③

④

⑤

· 위

· 귀 귀

· 의 자

· 의 사

· 바 퀴

1. 알아봅시다.

ㅙ	ㅙ	ㅙ	ㅙ	ㅙ	ㅙ	ㅙ
ㅚ	ㅚ	ㅚ	ㅚ	ㅚ	ㅚ	ㅚ
ㅖ	ㅖ	ㅖ	ㅖ	ㅖ	ㅖ	ㅖ

2. 써 봅시다.

교회

교	회	교	회
교	회	교	회

웨딩

웨	딩	웨	딩
웨	딩	웨	딩

3. 듣고 써 봅시다.

①

②

③

4. 연결해 봅시다.

① •   • 열 소|

② •   • 왜|

③ •   • 돼 지|

1. 연결해 봅시다. 써 봅시다.

| 목 | 욕 | | |

| 할 | 아 | 버 | 지 |
| | | | |

| 음 | 악 | |

| 군 | 인 | |

| 학 | 원 | |

| 국 | 어 | |

2. 써 봅시다.

| 할 | 아 | 버 | 지 | | | | |

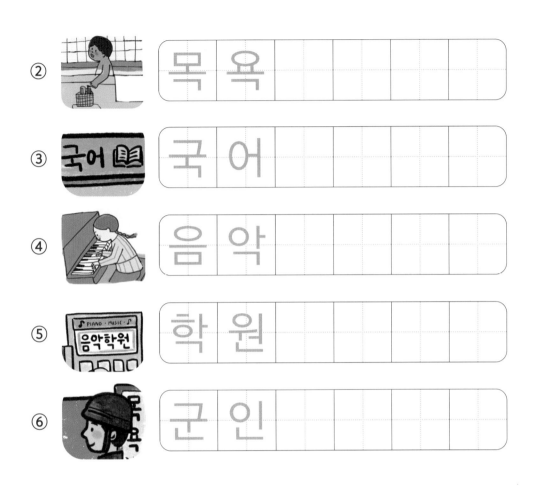

② 목 욕

③ 국 어

④ 음 악

⑤ 학 원

⑥ 군 인

3. 듣고 써 봅시다.

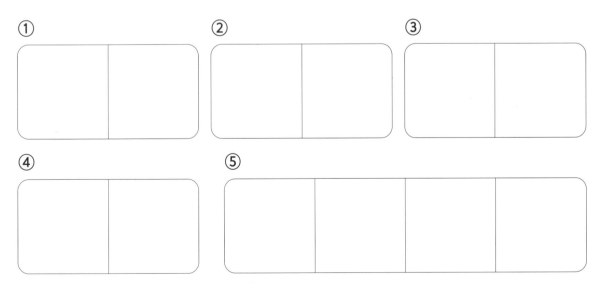

① ② ③

④ ⑤

1. 그림을 보고 가게 이름을 써 봅시다.

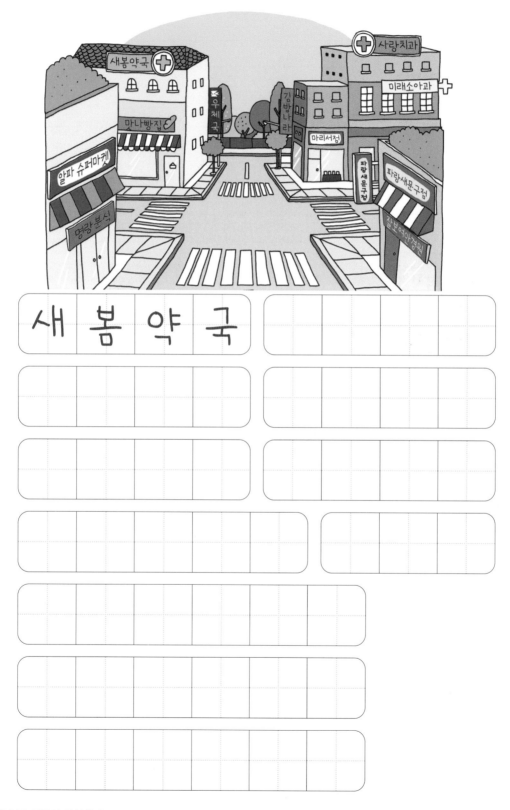

새	봄	약	국

2. 우리 주변에 있는 가게 이름을 써 봅시다.

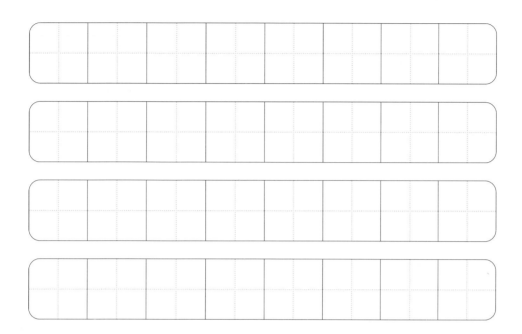

3. '이름 빙고 놀이'를 해 봅시다.

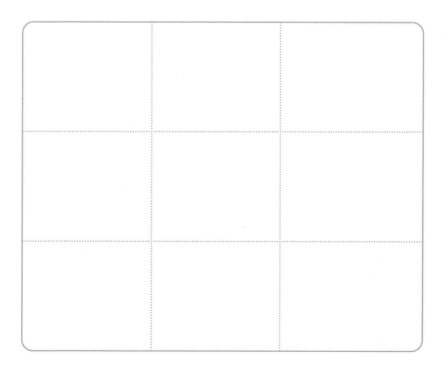

1. 써 봅시다.

ㄱ		기역		기다란			기차가				

ㄴ		니은		나무		옆을		지나			

ㄷ		디귿		다리를			건너				

ㄹ	리을	랄랄라	노래를	부르며				

ㅁ	미음	마을을	지나서					

ㅂ	비읍	비바람	속을	헤치고				

ㅅ	시옷	숲속을	지나					

1. 써 봅시다.

ㅇ	이응	언	덕	을	넘	어				

ㅈ	지읒	자	동	차	사	이	를	빠	져	나	와

ㅊ	치읓	창	문	을	닫	고				

ㅋ	키읔	커	다	랗	고	컴	컴	한			

ㅌ	티읕	터	널	을	통	과	해	서			

ㅍ	피읖	풀	밭	을	가	로	지	르	면		

ㅎ	히읗	해	는	벌	써	지	고	있	어	요	

1 이름

1. 이름을 읽어 봅시다. 써 봅시다.

① 타이선
② 오딜
③ 장위
④ 빈센트
⑤ 엠마
⑥ 다니엘

2. 읽어 봅시다. 써 봅시다.

① 타이선이에요.

② 다니엘이에요.

③ 장위예요.

④ 엠마예요.

🍱 이에요

● 〈의사소통 한국어 1〉 82~83쪽

3. 써 봅시다. 말해 봅시다.

이름이 뭐예요?

타이선이에요.

① 선생님: 이름이 뭐예요?

오딜: <u>오딜이에요</u>.

② 선생님: 이름이 뭐예요?

엠마: <u>엠마예요</u>.

③ 선생님: <u>이름이 뭐예요</u>?

유키: <u>유키예요</u>.

④ 선생님: <u>이름이 뭐예요</u>?

다니엘: <u>다니엘이에요</u>.

4. 내 대답을 써 봅시다.

 이름이 뭐예요?

나라 이름 1

1. 연결해 봅시다. 써 봅시다.

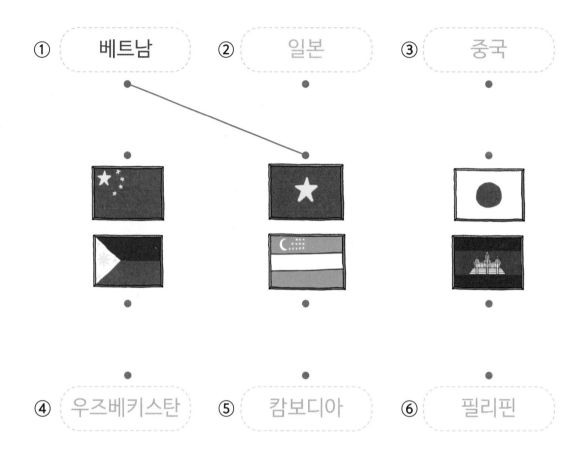

① 베트남 ② 일본 ③ 중국

④ 우즈베키스탄 ⑤ 캄보디아 ⑥ 필리핀

2. 써 봅시다. 읽어 봅시다.

① 중국   장위: 중국에서 왔어요.

② 베트남   타이선: 베트남에서 왔어요.

③ 우즈베키스탄   오딜: 우즈베키스탄에서 왔어요.

3. 유키가 자기소개를 합니다. 써 봅시다.

안녕하세요?

유키예요.

일본에서 왔어요.

4. 써 봅시다.

①

이름: 다니엘　　필리핀

안녕하세요?

다니엘이에요.

필리핀에서 왔어요.

②

이름(나):

----

1. 써 봅시다.

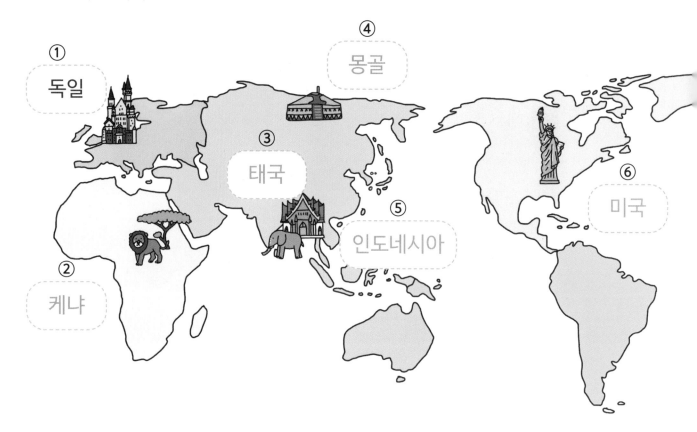

① 독일
② 케냐
③ 태국
④ 몽골
⑤ 인도네시아
⑥ 미국

2. 써 봅시다. 읽어 봅시다.

① 케냐   빈센트: <u>케냐에서 왔어요</u>.

② 독일   엠마: <u>독일에서 왔어요</u>.

③ 몽골   자르갈: <u>몽골에서 왔어요</u>.

④ 태국   촘푸: <u>태국에서 왔어요</u>.

3. 연결해 봅시다. 써 봅시다.

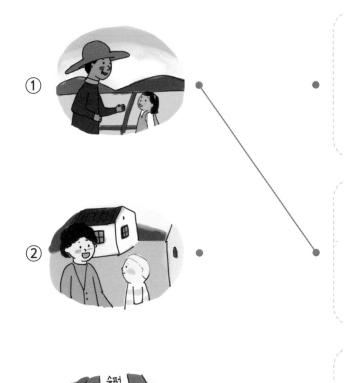

아주머니: 이름이 뭐예요?

리암: 　리암이에요　.

아주머니: 어느 나라에서 왔어요?

리암: 　미국에서 왔어요　.

아저씨: 이름이 뭐예요?

자르갈: **자르갈이에요** .

아저씨: 어느 나라에서 왔어요?

자르갈: **몽골에서 왔어요** .

아주머니: 이름이 뭐예요?

빈센트: 　빈센트예요　.

아주머니: 어느 나라에서 왔어요?

빈센트: 　케냐에서 왔어요　.

4. 내 대답을 써 봅시다.

안녕하세요?　　　　　　　　안녕하세요?

이름이 뭐예요?

어느 나라에서
왔어요?

4 숫자 1

1. 골라 봅시다. 써 봅시다.

① 1 (일) 이   일   ⑥ 6 오 육   ----

② 2 일 이   ----   ⑦ 7 일 칠   ----

③ 3 삼 사   ----   ⑧ 8 팔 칠   ----

④ 4 삼 사   ----   ⑨ 9 구 오   ----

⑤ 5 오 이   ----   ⑩ 10 십 칠   ----

2. 써 봅시다.

① 3 - 2   ② 4 - 1

   삼 학년 이 반   사 학년 일 반

③ 5 - 7   ④ 6 - 3

   오 학년 칠 반   육 학년 삼 반

3. 읽어 봅시다. 써 봅시다.

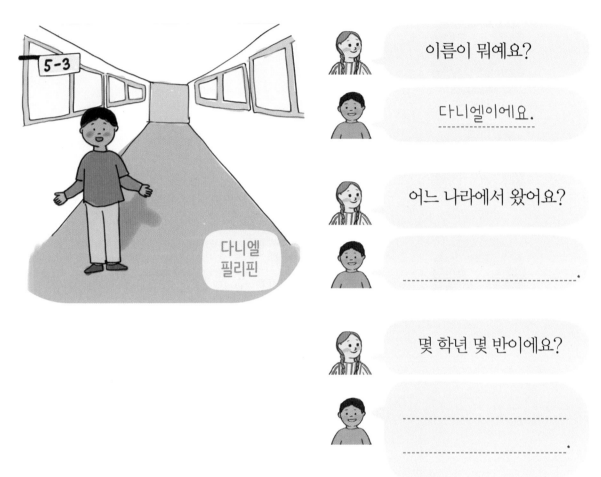

이름이 뭐예요?

다니엘이에요.

어느 나라에서 왔어요?

_____.

몇 학년 몇 반이에요?

_____
_____.

4. 써 봅시다.

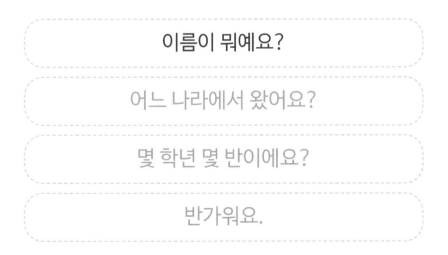

이름이 뭐예요?

어느 나라에서 왔어요?

몇 학년 몇 반이에요?

반가워요.

1. 골라 봅시다. 읽어 봅시다.

①

☑ 저는 오딜입니다.　　☐ 오딜이에요.

②

☐ 타이선이에요.　　☐ 저는 타이선입니다.

③

☐ 4학년 1반이에요.　　☐ 4학년 1반입니다.

2. 써 봅시다. 읽어 봅시다.

① 다니엘이에요. ➡ 저는 다니엘입니다.

② 엠마예요. ➡ 저는 엠마입니다.

③ 빈센트예요. ➡ 저는 빈센트입니다.

④ 5학년 2반이에요. ➡ 5학년 2반입니다.

⑤ 4학년 3반이에요. ➡ 4학년 3반입니다.

3. 연결해 봅시다. 써 봅시다.

① 저는 타이선입니다.
나래초등학교 오 학년 이 반입니다.
베트남에서 왔어요.
반갑습니다.

② 저는 자르갈입니다.
나래초등학교 오 학년 이 반입니다.
몽골에서 왔어요.
반갑습니다.

③ 저는 오딜입니다.
나래초등학교 오 학년 이 반입니다.
우즈베키스탄에서 왔어요.
반갑습니다.

4. 여러분을 소개해 봅시다.

저는 _____ 입니다.

_____초등학교 _____학년 _____반입니다.

_____

_____

2 내 물건

1 교실 물건

1. 써 봅시다.

①		**책**	책	책	
②		**공책**	공책	공책	
③		**책상**	책상	책상	
④		**의자**	의자	의자	

2. 써 봅시다.

①
이	건		뭐	예	요	?

②
창	문	이	에	요	.	

③
의	자	예	요	.	

3. 연결해 봅시다. 써 봅시다.

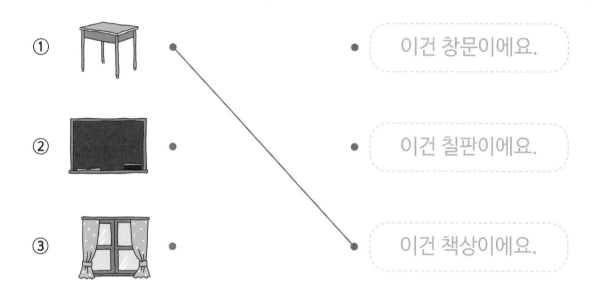

① ●　　　　　● 이건 창문이에요.

② ●　　　　　● 이건 칠판이에요.

③ ●　　　　　● 이건 책상이에요.

4. 내 대답을 써 봅시다.

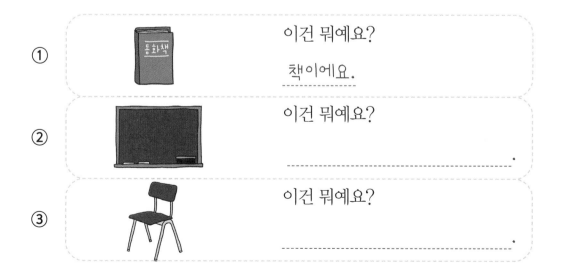

① 이건 뭐예요?
책이에요.

② 이건 뭐예요?
_____.

③ 이건 뭐예요?
_____.

2 학용품

1. 써 봅시다.

①		필통	필통		
②		연필	연필		
③		지우개	지우개		
④		스케치북	스케치북		
⑤		가위	가위		
⑥		가방	가방		

2. 듣고 써 봅시다.

① 필통

②

③

④

3. 써 봅시다.

① 이건 _____필통_____ (이에요/예요).

이건 _____(이에요/예요).

② 이건 _____(이에요/예요).

이건 _____(이에요/예요).

③ 이건 _____(이에요/예요).

이건 _____(이에요/예요).

4. 써 봅시다.

이건 _____책이에요_____ .

이건 _____.

이건 _____.

이건 _____.

이건 _____.

3 이것, 그것, 저것

1. 써 봅시다.

①		이것	이것		
②		그것	그것		
③		저것	저것		

2. 연결해 봅시다. 써 봅시다.

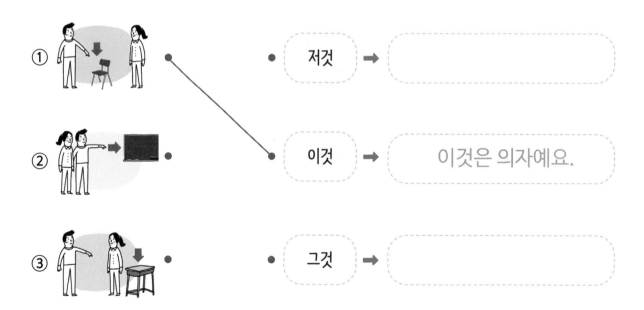

①   저것 ➡

②   이것 ➡ 이것은 의자예요.

③   그것 ➡

3. 써 봅시다.

① 이것은 <u>누구</u> 책이에요?
 그것은 <u>오딜</u> 책이에요.

② 이것은 ＿＿＿＿＿＿ 필통이에요?
그것은 ＿＿＿＿＿＿＿＿＿＿＿.

③ 이것은 ＿＿＿＿＿＿ 가방이에요?
 그것은 ＿＿＿＿＿＿＿＿＿＿＿.

4. 그림을 찾아봅시다. 써 봅시다.

①

이것은 누구
연필이에요?

서영이 연필이에요.

②

이것은 누구
지우개예요?

③

이것은 누구
색종이예요?

4 숫자 2

1. 써 봅시다.

하나		셋		다섯

	일곱		아홉	

2. 모두 연결해 봅시다.

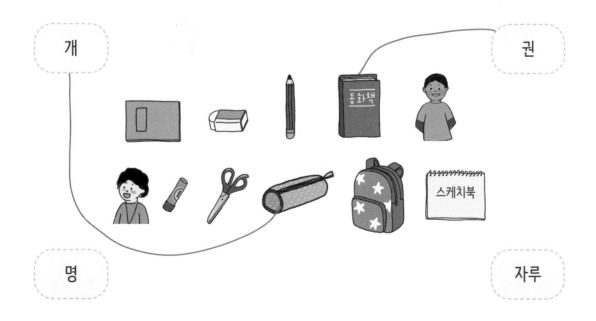

3. 연결해 봅시다. 써 봅시다.

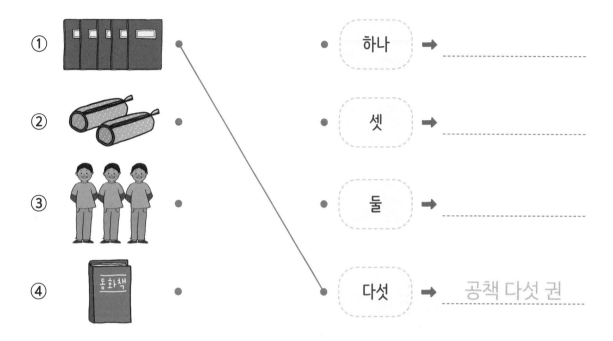

① 　　　　　　　　　　　　하나 ➡ _____

② 　　　　　　　　　　　　셋 ➡ _____

③ 　　　　　　　　　　　　둘 ➡ _____

④ 　　　　　　　　　　　　다섯 ➡ 공책 다섯 권

4. 써 봅시다.

① 몇 자루예요? 　　네 자루예요.

②

③

④

5 물건 주인

1. '네, 아니요'를 써 봅시다.

①

이것은 공책이에요?

아니요 .

②

연필이 세 자루예요?

_____ .

③

한국 사람이에요?

_____ .

④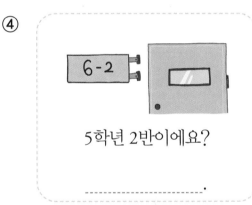

5학년 2반이에요?

_____ .

2. 써 봅시다.

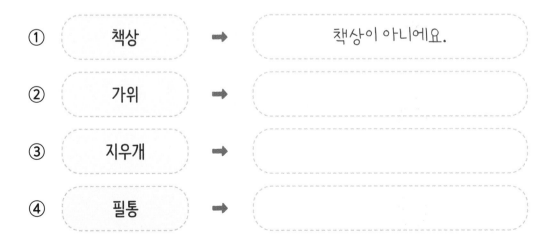

① 책상 ➡ 책상이 아니에요.

② 가위 ➡

③ 지우개 ➡

④ 필통 ➡

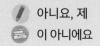
3. 그림을 보고 써 봅시다.

① 이것은 오딜 공책이에요?

아니요, 오딜 공책이 아니에요. 다니엘 공책이에요.

② 이것은 유키 필통이에요?

_____, 유키 필통_____. _____.

③ 이것은 타이선 가방이에요?

_____, 타이선 가방_____. _____.

④ 이것은 장위 가위예요?

_____, 장위 가위_____. _____.

4. 읽어 봅시다. 내 이야기를 써 봅시다.

저는 다니엘이에요.
저는 5학년 1반이에요.
이것은 제 가방이 아니에요.
제임스 가방이에요.

저는 _____.
저는 _____.
이것은 제 _____.
_____.

3 우리 학교

1 있어요, 없어요

1. 맞는 것을 골라 봅시다.

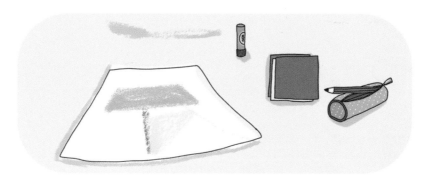

①	연필	☑ 있어요	☐ 없어요
②	지우개	☐ 있어요	☐ 없어요
③	풀	☐ 있어요	☐ 없어요
④	필통	☐ 있어요	☐ 없어요
⑤	의자	☐ 있어요	☐ 없어요

2. 골라 봅시다. 써 봅시다.

① 연필   ☑ 이 있어요   ☐ 가 있어요   ➡ 연필이 있어요.

② 의자   ☐ 이 있어요   ☐ 가 있어요   ➡

③ 가방   ☐ 이 있어요   ☐ 가 있어요   ➡

3. 써 봅시다.

① 책상이 있어요?

네, 있어요.

② 지우개＿＿＿＿＿＿＿＿＿?

아니요, ＿＿＿＿＿＿＿.

③ 풀＿＿＿＿＿＿＿＿＿＿?

＿＿＿＿, ＿＿＿＿＿＿＿.

④ 가위＿＿＿＿＿＿＿＿?

＿＿＿＿, ＿＿＿＿＿＿＿.

4. 써 봅시다.

제 가방이에요.

책이 있어요.

＿＿＿＿＿＿＿＿＿＿＿＿＿＿＿

＿＿＿＿＿＿＿＿＿＿＿＿＿＿＿

＿＿＿＿＿＿＿＿＿＿＿＿＿＿＿

＿＿＿＿＿＿＿＿＿＿＿＿＿＿＿

1. 써 봅시다.

뒤   밖   아래   안   앞   옆   위

① 앞

②

③

④

⑤

⑥

⑦

2. 들고 써 봅시다.

① 연필이 필통 안에 있어요.

② 책이 _____.

③ 지우개가 _____.

④ 가방이 _____.

3. 써 봅시다.

① 책이 책상 위에 있어요.

② 지우개가 의자 _____.

③ 필통이 가방 _____.

④ 연필이 공책 _____.

4. 써 봅시다.

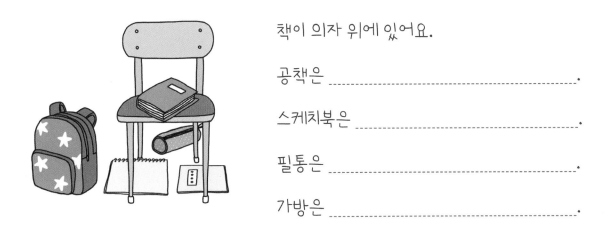

책이 의자 위에 있어요.

공책은 _____.

스케치북은 _____.

필통은 _____.

가방은 _____.

3 교실 이름

1. 연결해 봅시다.

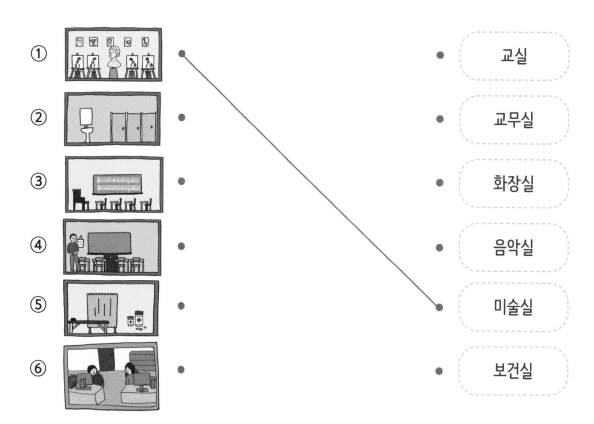

① · · 교실

② · · 교무실

③ · · 화장실

④ · · 음악실

⑤ · · 미술실

⑥ · · 보건실

2. 써 봅시다.

①	교실	교실	
②	교무실	교무실	
③	화장실	화장실	
④	음악실	음악실	
⑤	미술실	미술실	
⑥	보건실	보건실	

3. 써 봅시다.

①
오딜이 어디에 있어요?

교실에 있어요.

②
빈센트가 ＿＿＿＿＿＿에 있어요?

＿＿＿＿＿＿에 있어요.

③
유키가 ＿＿＿＿＿에 있어요?

＿＿＿＿＿＿＿＿＿＿.

④
서영이가 ＿＿＿＿＿＿＿?

＿＿＿＿＿＿＿＿＿＿.

4. 써 봅시다.

① 교무실이 어디에 있어요?

② 화장실이 어디에 있어요?

미술실 옆에 있어요.

교무실　미술실　화장실

음악실　보건실　우리 교실

③ 음악실이 어디에 있어요?

④ 보건실이 어디에 있어요?

1. 써 봅시다.

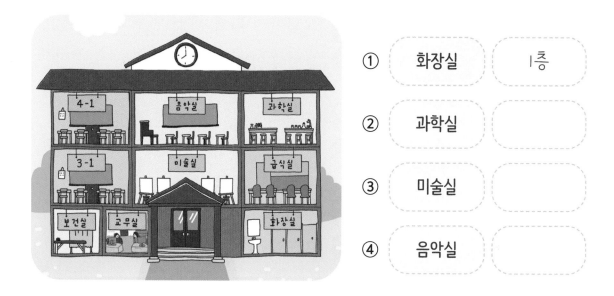

① 화장실 1층

② 과학실

③ 미술실

④ 음악실

2. 듣고 써 봅시다.

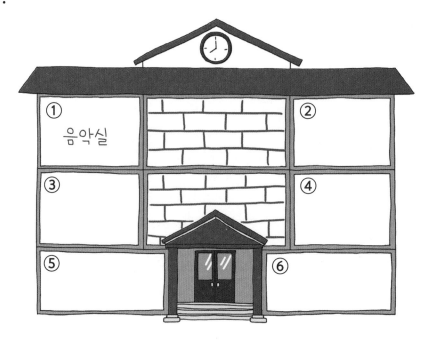

3. 써 봅시다.

① 연필이 있어요.

지우개 도 있어요.

② 준서는 5학년이에요.

서영이 _____.

③ 타이선은 과학실에 있어요.

장위 _____.

④ 보건실은 1층에 있어요.

교무실 _____.

4. 내 이야기를 써 봅시다.

음악실은 3층에 있어요.

미술실 _____.

과학실 _____.

화장실 _____.

급식실 _____.

교무실 _____.

우리 교실 _____.

5 동작을 나타내는 말 1

1. 써 봅시다.

놀다　　　숙제하다　　　이야기하다　　　자다　　　청소하다

① 청소하다

②

③

④

⑤

2. 써 봅시다.

① 놀다 ➡ 놀아요.

② 자다 ➡

③ 있다 ➡

④ 숙제하다 ➡

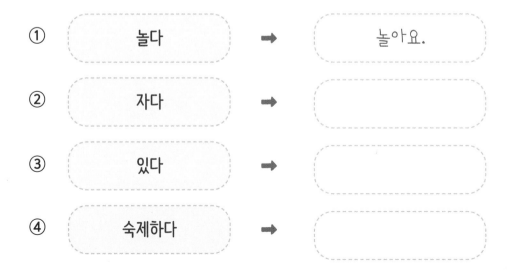

3. 써 봅시다.

①  타이선이 <u>자요</u> .
(자다)

②  오딜이 _____ .
(놀다)

③  유키가 _____ .
(이야기하다)

④  준서가 _____ .
(청소하다)

4. 읽어 봅시다. 바르게 써 봅시다.

우리 교실이에요.

승호는 청소어요.

오치는 놀어요.

스텔라는 이야기하요.

미미는 자아요.

카밀은 숙제하어요.

우리 교실이에요.

승호는 청소해요.

오치는 _____ .

스텔라는 _____ .

미미는 _____ .

카밀은 _____ .

4 우리 동네

1 가게

1. 연결해 봅시다.

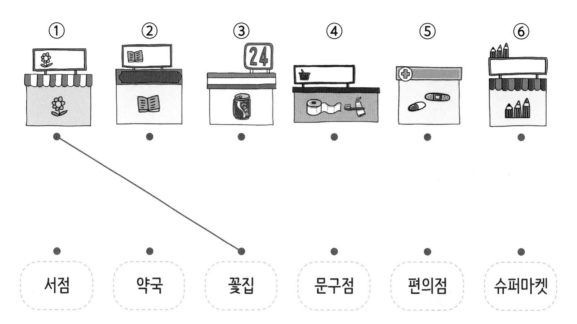

2. 써 봅시다.

①	꽃집	꽃집	
②	서점	서점	
③	빵집	빵집	
④	문구점	문구점	
⑤	슈퍼마켓	슈퍼마켓	
⑥	약국	약국	
⑦	편의점	편의점	

✏ 꽃집, 서점, 빵집, 편의점, 슈퍼마켓, 약국, 문구점, 분식집

📖 에 가요/와요

● 〈의사소통 한국어 1〉 148~149쪽

3. 써 봅시다.

① 어디에 가요?
꽃집에 가요.

② 어디에 가요?
빵집_____.

③ 어디_____?
_____.

④ _____?
_____.

4. 써 봅시다.

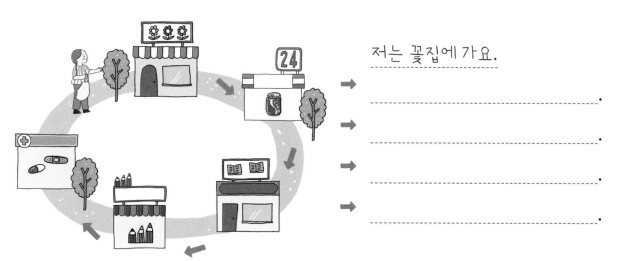

저는 꽃집에 가요.
_____.
_____.
_____.
_____.

1. 연결해 봅시다.

2. 연결해 봅시다.

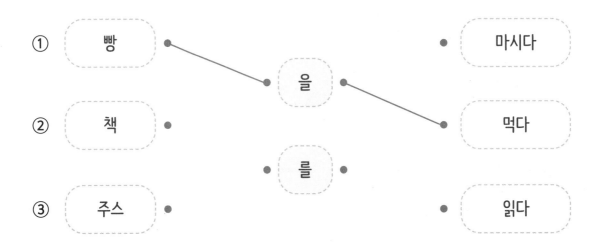

3. 써 봅시다.

① 타이선이 뭐 해요?

빵을 먹어요. (빵/먹다)

② 유키가 뭐 해요?

_____. (꽃/주다)

③ 준서가 뭐 해요?

_____. (책/읽다)

④ 엠마가 뭐 해요?

_____. (카드/쓰다)

4. 써 봅시다.

장위는 책을 읽어요.

준서는 _____.

다니엘은 _____.

유키는 _____.

나는 _____.

1. 써 봅시다.

신호등   육교   인도   지하도   차도   횡단보도

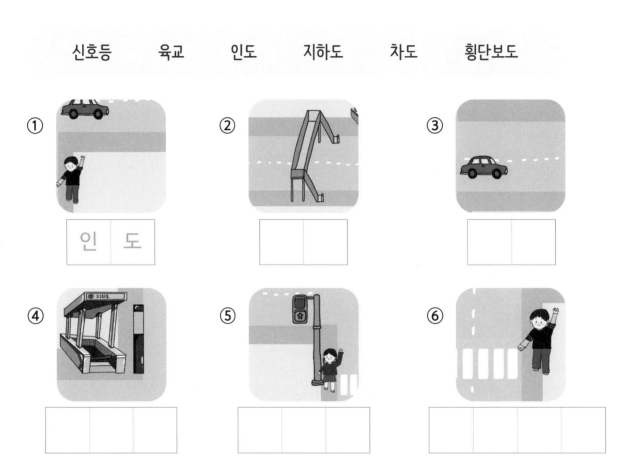

① 인 도

②

③

④

⑤

⑥

2. 써 봅시다.

① 가다 ➡ 가세요.

② 읽다 ➡

③ 쓰다 ➡

④ 건너다 ➡

3. 그림을 봅시다. 써 봅시다.

① 약국이 어디에 있어요?

육교를 건너세요.

② 꽃집이 어디에 있어요?

_____.

③ 학교가 어디에 있어요?

_____.

4. 문구점이 어디에 있어요? 써 봅시다.

횡단보도를 건너세요.

_____ 이/가 있어요.

서점 옆에 _____ 이/가 있어요.

꽃집 옆에 _____ 이/가 있어요.

_____ 을/를 _____ 으세요/세요.

문구점이 있어요.

1. 연결해 봅시다.

| | 빨간색 | 노란색 | 파란색 | 하얀색 | 까만색 | 초록색 |

2. 써 봅시다.

①	**빨간색**	빨간색	
②	**노란색**	노란색	
③	**파란색**	파란색	
④	**하얀색**	하얀색	
⑤	**까만색**	까만색	
⑥	**초록색**	초록색	

3. 바르게 써 봅시다.

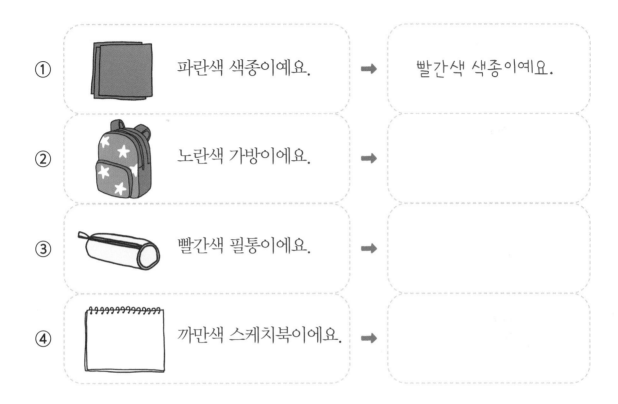

① 파란색 색종이예요. ➡ 빨간색 색종이예요.

② 노란색 가방이에요. ➡

③ 빨간색 필통이에요. ➡

④ 까만색 스케치북이에요. ➡

4. 물건을 소개해 봅시다.

내 물건이에요.

빨간색 연필이 있어요.

---.

---.

---.

---.

5 교통 신호

1. 연결해 봅시다. 써 봅시다.

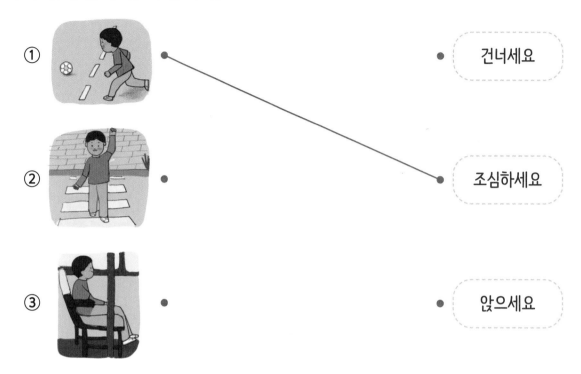

① · · 건너세요

② · · 조심하세요

③ · · 앉으세요

2. 써 봅시다.

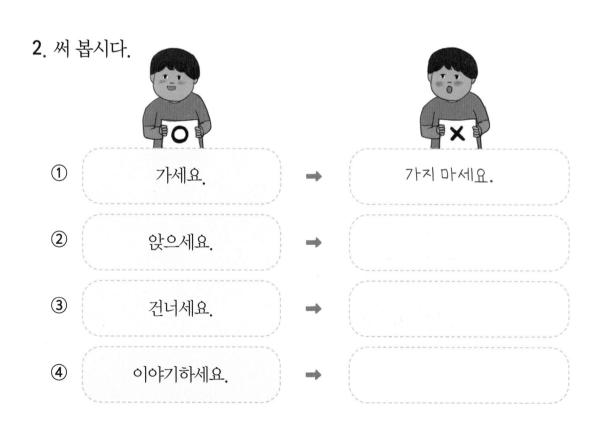

① 가세요. ➡ 가지 마세요.

② 앉으세요. ➡

③ 건너세요. ➡

④ 이야기하세요. ➡

3. 써 봅시다.

	○	건너다 ➡ 건너세요.
	✕	건너다 ➡

	○	가다 ➡
	✕	가다 ➡

		조심하다 ➡

4. 친구에게 말하세요. 써 봅시다.

① 자지 마세요.

②

③

④

5 학교생활

1 수업 시간

1. 그림을 봅시다. 맞으면 ○표, 틀리면 ✕표 해 봅시다.

① 준서가 말해요. ➡ ○

② 엠마가 책을 읽어요. ➡

③ 장위가 글씨를 써요. ➡

④ 타이선이 화장실에 가요. ➡

2. 써 봅시다.

① 앉다 ➡ 앉아

② 놀다 ➡

③ 읽다 ➡

④ 숙제하다 ➡

⑤ 쓰다 ➡

말하다, 듣다, 글씨를 쓰다, 색종이를 접다

-어 ①

● 〈의사소통 한국어 1〉 170~171쪽

3. 써 봅시다.

① 준서가 ___문구점에 가___.
(문구점/가다)

② 장위가 _____.
(숙제하다)

③ 음악실이 _____.
(3층/있다)

④ 엠마가 _____.
(주스/사다)

4. 내 대답을 써 봅시다.

① 어디에 가? | 빵집에 가.

② 무엇을 먹어? |

③ 무엇을 사? |

2 학교 소개

1. 연결해 봅시다.

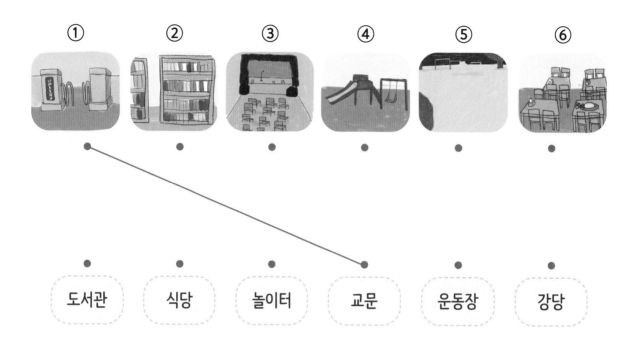

① ② ③ ④ ⑤ ⑥

도서관 식당 놀이터 교문 운동장 강당

2. 골라 봅시다. 써 봅시다.

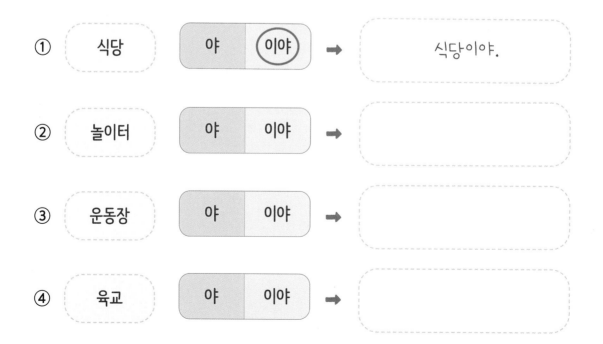

① 식당   야 / (이야) → 식당이야.

② 놀이터   야 / 이야 →

③ 운동장   야 / 이야 →

④ 육교   야 / 이야 →

3. 그림을 봅시다. 대화를 완성해 봅시다.

① 이건 뭐야?
필통이야.

② 이름이 뭐야?
_____.

③ 이건 누구 가방이야?
_____.

④ 여기가 어디야?
_____.

4. 읽어 봅시다. 내 이야기를 써 봅시다.

안녕.

나는 다니엘이야.

우리 학교는 나래초등학교야.

나는 5학년이야.

내 친구 이름은 타이선이야.

안녕.

나는 _____.

우리 학교는 _____.

나는 _____.

내 친구 이름은 _____.

3 방향

1. 그림을 봅시다. 써 봅시다.

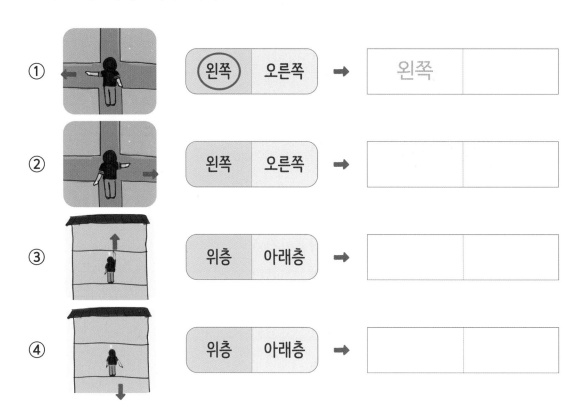

①	**왼쪽** · 오른쪽	➡	왼쪽	
②	왼쪽 · 오른쪽	➡		
③	위층 · 아래층	➡		
④	위층 · 아래층	➡		

2. 골라 봅시다. 써 봅시다.

①	오른쪽	**으로** · 로	➡	오른쪽으로 가세요.
②	이쪽	으로 · 로	➡	
③	위층	으로 · 로	➡	
④	뒤	으로 · 로	➡	

3. 써 봅시다.

① 문구점에 어떻게 가?   왼쪽으로 가.

② 약국에 어떻게 가?   _____.
                    (저쪽)

③ 슈퍼마켓에 어떻게 가?   _____.
                      (오른쪽)

4. 내 대답을 써 봅시다.

① 오른쪽에 누가 있어요?

② 왼쪽에 누가 있어요?

?   나   ?

오른쪽에 타이선이 있어요.

③ 위층에 무슨 교실이 있어요?

④ 아래층에 무슨 교실이 있어요?

?

우리 교실

?

4 쉬는 시간

1. 써 봅시다.

① | 딱 | 지 | 치 | 기 |

② | 찰 | | | 이 |

③ | | 기 | | |

④ | | | | 질 |

2. 연결해 봅시다. 써 봅시다.

① 도서관 • • 놀아요 ➡

② 슈퍼마켓 • • 연필을 사요 ➡

③ 문구점 • • 밥을 먹어요 ➡

④ 놀이터 • • 주스를 사요 ➡

⑤ 식당 • • 책을 읽어요 ➡ 도서관에서 책을 읽어요.

3. 바르게 써 봅시다.

① 운동장에서 공기놀이를 해요.

➡ 교실에서 공기놀이를 해요.

② 교실에서 딱지치기를 해요.

➡ _____.

③ 집에서 책을 읽어요.

➡ _____.

④ 교실에서 자요.

➡ _____.

4. 내 대답을 써 봅시다.

① 교실에서 무엇을 해요?   교실에서 숙제해요.

② 도서관에서 무엇을 해요?

③ 식당에서 무엇을 해요?

④ 운동장에서 무엇을 해요?

5 학교에서 하는 일

1. 연결해 봅시다. 써 봅시다.

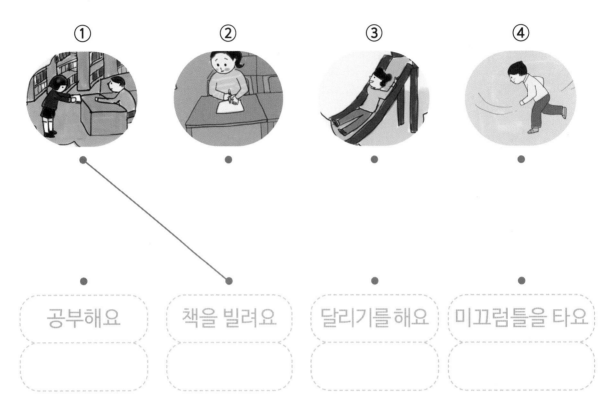

2. 써 봅시다.

① 장위가 자요 ➡ 장위가 <u>자러 가요</u>.

② 타이선이 공부해요 ➡ 타이선이 _____.

③ 엠마가 꽃을 사요 ➡ 엠마가 꽃을 _____.

④ 준서가 책을 읽어요 ➡ 준서가 책을 _____.

3. 써 봅시다.

| 미끄럼틀을 타다 | 책을 읽다 | 달리기를 하다 | 연필을 빌리다 |

① 다니엘이 <u>미끄럼틀을 타러 가</u>.

② 엠마가 _____.

③ 오딜이 _____.

④ 유키가 _____.

4. 내 대답을 써 봅시다.

① 어디에 가? → 도서관에 가.

뭐 하러 가? → 책을 빌리러 가.

② 어디에 가?

뭐 하러 가?

③ 어디에 가?

뭐 하러 가?

6 하루 일과

1 시간 표현 1

1. 그림을 보고 써 봅시다.

1) 알맞은 낱말을 골라 쓰세요.

아침   점심   저녁   오후   오전

① 오   전
① 학교에 가요.

②
② 집에 가요.

③
③ 아침 식사를 해요.

④
④ 축구를 해요.

⑤
⑤ 텔레비전을 봐요.

2) 그림을 보고 글로 쓰세요.

① 오전에 학교에 가요.

②

③

④

⑤

✏ 아침, 오전, 점심, 오후, 저녁, 방과 후

📖 에

● 〈의사소통 한국어 1〉 192~193쪽

2. 그림을 보고 써 봅시다.

① 오후

오후에 뭐 해?

오후에 방과 후 교실에 가.

② 아침에 뭐 해?

＿＿＿＿＿＿에 줄넘기를 해.

③ ＿＿＿＿＿ 뭐 해?

＿＿＿＿＿에 ＿＿＿＿＿을 해.

3. 나는 뭐 해요? 빈칸에 알맞은 낱말을 써 봅시다.

① 오전에 학교에 가요.

② ＿＿＿＿＿＿에 텔레비전을 봐요.

③ ＿＿＿＿＿＿에 점심 식사를 해요.

④ ＿＿＿＿＿＿에 집에 가요.

2 시간표

1. 써 봅시다.

1) 무슨 요일이에요?
쓰세요.

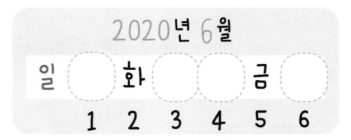

2) 따라 쓰세요.

월요일	화요일	수요일	목요일	금요일	토요일	일요일
월요일						

2. 써 봅시다.

국어	국어	국어		
음악	음악			
수학	수학			
실과	실과			
과학	과학			
사회	사회			
체육	체육			
영어	영어			
미술	미술			
도덕	도덕			

3. 시간표를 읽어 봅시다. 써 봅시다.

교시\요일	월	화	수	목	금
1	국어	수학	창체	영어	과학
2	영어	음악	국어	과학	국어
3	사회	국어	수학	국어	수학
4	수학	체육	사회	사회	영어
5	미술	실과	도덕	체육	창체
6	미술	실과		음악	창체

월요일 2교시에 <u>영어</u> 공부를 해요.

수요일 <u>   </u> 교시에 수학 공부를 해요.

<u>   </u> 1교시에 과학 공부를 해요.

화요일 4교시에 <u>   </u> 공부를 해요.

4. 〈의사소통 한국어〉 195쪽 3번 '우리 반 시간표'를 글로 써 봅시다.

월요일 <u>   </u> 교시에 <u>   </u> 공부를 해요.

3 일주일 생활

1. 써 봅시다.

〈타이선의 일주일 생활〉

월요일	화요일	수요일	목요일	금요일	토요일	일요일
체육관	바이올린 방과 후	로봇 방과 후	체육관	미술 방과 후	바이올린 방과 후	할머니 집

타이선은 <u>화요일</u> 하고 <u>토요일</u> 에 바이올린 방과 후 수업을 해.

목요일에 _____ 에 가.

일요일에 학교에 _____ .

금요일에 미술 방과 후 수업을 _____ .

2. 맞으면 ○표, 틀리면 ✕표 해 봅시다.

〈지민이의 일주일 생활〉

월요일	화요일	수요일	목요일	금요일	토요일	일요일
로봇 방과 후	도서관	바이올린 방과 후	로봇 방과 후	체육관	할머니 집	

① 지민이는 화요일에 도서관에 가요. (○)

② 지민이는 월요일하고 수요일에 바이올린 방과 후 교실에 가요. ( )

③ 지민이는 토요일하고 일요일에 할머니 집에 가요. ( )

④ 지민이는 금요일에 체육관에 안 가요. ( )

3. 읽어 봅시다. 써 봅시다.

월요일하고 목요일에 로봇 방과 후 수업을 해.
화요일에 바이올린 방과 후 수업을 해.
수요일에 체육관에 가.
금요일에 미술 방과 후 수업을 해.
토요일하고 일요일에 학교에 안 가. 놀이터에 가.

월요일	화요일	수요일	목요일	금요일	토요일	일요일
로봇 방과 후			로봇 방과 후			

4. '나의 일주일 생활'을 글로 써 봅시다.

월요일에 --

----

4 날짜

1. 써 봅시다.

1) 몇 월이에요? 쓰세요.

1월 일월	4월 사 월	7월 칠 월	10월 시월
2월 이 월	5월 오 월	8월 팔 월	11월 십일 월
3월 삼 월	6월 유 월	9월 구 월	12월 십이 월

2) 며칠이에요? 쓰세요.

1일	일일	일일	일일	8일	팔일	팔일	
2일	이일	이일		9일	구일	구일	
3일	삼일	삼일		10일	십일	십일	
4일	사일	사일		11일	십일일	십일일	
5일	오일	오일		12일	십이일	십이일	
6일	육일	육일		13일	십삼일	십삼일	
7일	칠일	칠일		14일	십사일	십사일	

15일	십오 일	십오 일
16일	십육 일	십육 일
17일	십칠 일	십칠 일
18일	십팔 일	십팔 일
19일	십구 일	십구 일
20일	이십 일	이십 일
21일	이십일 일	이십일 일
22일	이십이 일	이십이 일
23일	이십삼 일	이십삼 일

24일	이십사 일	이십사 일
25일	이십오 일	이십오 일
26일	이십육 일	이십육 일
27일	이십칠 일	이십칠 일
28일	이십팔 일	이십팔 일
29일	이십구 일	이십구 일
30일	삼십 일	삼십 일
31일	삼십일 일	삼십일 일

2. 글을 읽고 친구의 생일을 써 봅시다.

준서 생일은 일 월 삼십 일이에요.
타이선 생일은 사 월 이십삼 일이에요.
장위 생일은 오 월 구 일이에요.
다니엘 생일은 유 월 십오 일이에요.
유키 생일은 칠 월 이십칠 일이에요.
오딜 생일은 팔 월 팔 일이에요.
엠마 생일은 구 월 이십구 일이에요.
서영이 생일은 십일 월 사 일이에요.
빈센트 생일은 이 월 이십팔 일이에요.
촘푸 생일은 시월 삼십 일이에요.

5 시간

1. 써 봅시다.

1) 몇 시예요? 쓰세요.

한 시	두 시	세 시	네 시	다섯 시	여섯 시
한 시					

일곱 시	여덟 시	아홉 시	열 시	열한 시	열두 시

2) 몇 분이에요? 쓰세요.

5분	오 분		35분	삼십 오 분	
10분	십 분		40분	사십 분	
15분	십오 분		45분	사십오 분	
20분	이십 분		50분	오십 분	
25분	이십오 분		55분	오십오 분	
30분	삼십 분		59분	오십구 분	

2. 연결해 봅시다. 써 봅시다.

① →

② →

③ →

④ ● ● 시 분 → 세 시 이십오 분

⑤ ● ● 5시 30분 → 다섯 시 삼십 분

⑥ ● ● 시 분 → 열두 시 오 분

2시 15분 →

1시 45분 →

7시 55분 →

3. 지금 몇 시예요? 써 봅시다.

① 지금 몇 시예요? 5시 30분이에요.

② _____ 시 _____ 분이에요.

③

④

7 놀이와 운동

1 시간 표현 2

1. 골라 봅시다.

① 오늘은 5월 20일이야.

② 어제는 7월 3일이야.

③ 내일은 11월 26일이야.

2. 써 봅시다.

① 오늘

② 어제

③ 내일

④ 지난주

⑤ 지난달

⑥ 작년

3. 연결해 봅시다. 써 봅시다.

① 오늘이 몇 월 며칠이에요?　•　•　내일은 10월 23일이에요.

② 내일은 몇 월 며칠이에요?　•　•　오늘은 10월 22일이에요.

③ 지난달은 몇 월이에요?　•　•　작년은 2019년이에요.

④ 작년은 몇 년이에요?　•　•　지난달은 9월이에요.

4. 내 대답을 써 봅시다.

① 오늘은 몇 월 며칠이에요?

② 어제는 몇 월 며칠이에요?

③ 지난달은 몇 월이에요?

2 놀이 장소

1. 골라 봅시다. 써 봅시다.

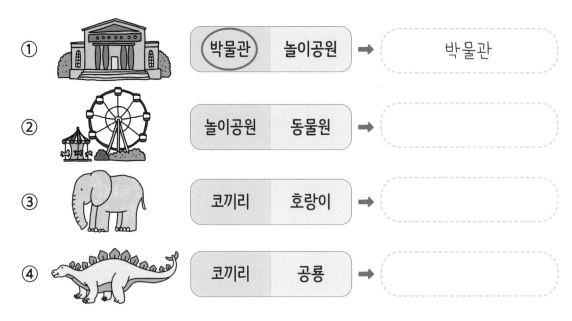

① [박물관] 놀이공원 → 박물관

② 놀이공원 동물원 →

③ 코끼리 호랑이 →

④ 코끼리 공룡 →

2. 써 봅시다.

1) 읽어 보세요. 써 보세요.

① 박물관에 가요. → 박물관에 갔어요.

② 코끼리를 봐요. → 코끼리를 봤어요.

③ 책을 읽어요. → 책을 읽었어요.

④ 종이접기를 해요. → 종이접기를 했어요.

⑤ ★음악을 들어요. → 음악을 들었어요.

⑥ ★글씨를 써요. → 글씨를 썼어요.

2) 써 보세요.

① 어제 <u>동물원에서 호랑이를 봤어요</u>.
(동물원에서 호랑이를 보다)

② 어제 _____.
(놀이공원에서 빵을 먹다)

③ 어제 _____.
(박물관에서 숙제를 하다)

3. 연결해 봅시다. 써 봅시다.

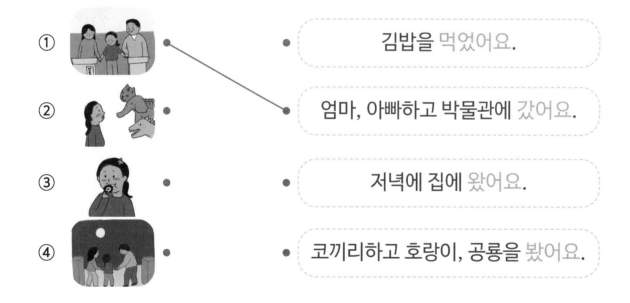

① 　　　　　　　　김밥을 먹었어요.

② 　　　　　　　　엄마, 아빠하고 박물관에 갔어요.

③ 　　　　　　　　저녁에 집에 왔어요.

④ 　　　　　　　　코끼리하고 호랑이, 공룡을 봤어요.

4. 내 대답을 써 봅시다.

① 어제 무엇을 먹었어요?

② 오늘 아침에 뭐 했어요?

3 놀이와 운동 1

1. 연결해 봅시다.

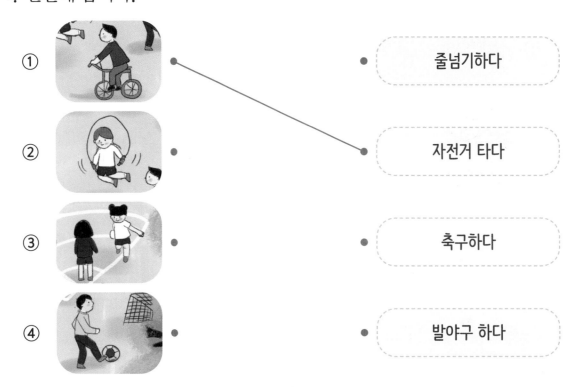

① — 자전거 타다

줄넘기하다

② ·

자전거 타다

③ ·

축구하다

④ ·

발야구 하다

2. 써 봅시다. 읽어 봅시다.

1) 써 보세요.

① 김치를 먹다 ➡ 김치를 먹을 수 있어요.

② 자전거 타다 ➡ 자전거 탈 수 없어요.

③ ★친구하고 놀다 ➡ 친구하고 놀 수 있어요.

④ ★음악을 듣다 ➡ 음악을 들을 수 있어요.

2) 써 보세요.

①  다니엘은 　영어 책을 읽을 수 있어요　.
　　　　　　　　　　　　　　(영어 책을 읽다)

②  엠마는 　　　　　　　　　　　　　　.
　　　　　　　　　　　　　　(김치를 먹다)

③ 타이선은 　　　　　　　　　　　　　　.
　　　　　　　　　　　　　　(배드민턴을 치다)

3. 알맞은 대답을 골라 봅시다.

① 축구할 수 있어? ☑ 네, 축구할 수 있어요.
　□ 아니요, 축구할 수 없어요.

② 책을 빌릴 수 있어? □ 네, 빌릴 수 있어요.
　□ 아니요, 빌릴 수 없어요.

③ 영어 책 읽을 수 있어? □ 네, 읽을 수 있어요.
　□ 아니요, 읽을 수 없어요.

4. 내 대답을 써 봅시다.

① 배드민턴 칠 수 있어?　　　응, 나 배드민턴 칠 수 있어.

② 자전거 탈 수 있어?

③ 　　　　　　　 수 있어?

1. 연결해 봅시다.

① ●
② ●
③ ●
④ ●
⑤ ●
⑥ ●

● (그림) 그리다
● 노래하다
● 피아노 치다
● 태권도 하다
● 수영하다
● 컴퓨터하다

2. 써 봅시다.

① 장위가 피아노를 칠 수 있어요?

아니요, 장위가 피아노를 못 쳐요.

② 타이선이 자전거를 탈 수 있어요?

아니요, 타이선이 자전거를 못 타요.

③ 엠마가 줄넘기를 할 수 있어요?

아니요, 엠마가 줄넘기를 못해요.

3. 읽어 봅시다. 써 봅시다.

① 타이선,
너 수영할 수 있어?

응, <u>할 수 있어.</u>

② 그림, 컴퓨터도
할 수 있어?

응, _____.

③ 와! 피아노도 칠 수 있어?

아니, _____. 안 배웠어.

4. 내 대답을 써 봅시다.

● 할 수 있어요	● 못해요

5 할 수 있는 일

1. 읽어 봅시다. 골라 봅시다.

① 엠마는 학교 운동장에서 친구들과 발야구를 했어요.

② 장위는 학교 운동장에서 줄넘기를 했어요.

③ 오딜은 공원에서 자전거를 탔어요.

④ 타이선은 도서관에서 책을 읽었어요.

2. 연결해 봅시다. 써 봅시다.

①

 어제 뭐 했어?
공원에서 아빠하고 배드민턴 쳤어.

②

 어제 뭐 했어?
교실에서 찰흙 놀이 했어.

③

 어제 뭐 했어?
교실에서 친구하고 숨바꼭질했어.

④

 어제 뭐 했어?
학교 운동장에서 축구했어.

3. 읽어 봅시다. 써 봅시다.

엠마는 아빠, 엄마, 동생과 함께 동물원에 갔어요.
동생이 질문했어요.
"언니, 코끼리 그릴 수 있어?"

엠마가 대답했어요.
"응, 나 코끼리 잘 그려.
방과 후 수업에서 배웠어."

동생이 질문했어요.
"그럼, 호랑이도 그릴 수 있어?"

엠마가 대답했어요.
"아니, 나 호랑이는 못 그려."

4. 무엇을 할 수 있어요? 내 대답을 써 봅시다.

그림을 그리다

수영하다

태권도 하다

피아노 치다

컴퓨터하다

노래하다

● 무엇을 할 수 있어요?

● 어디에서 배웠어요?

● 언제 배웠어요?

8 바른 생활

1 음식

1. 연결해 봅시다. 써 봅시다.

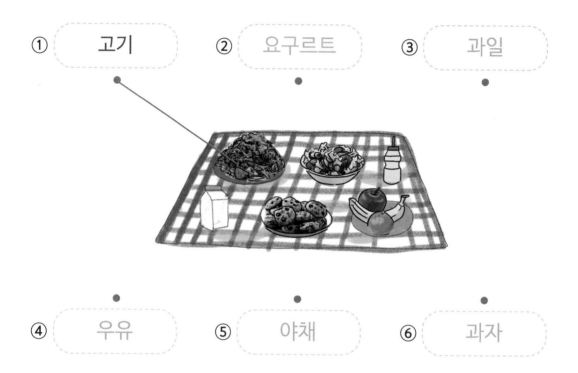

① 고기 ② 요구르트 ③ 과일

④ 우유 ⑤ 야채 ⑥ 과자

2. 써 봅시다. 읽어 봅시다.

1) 써 보세요.

① 과일을 먹고 싶어요.

② 야채를 먹_____.

③ 우유를 마시_____.

고기, 요구르트, 과일, 우유, 야채, 과자

-고 싶어요

● 〈의사소통 한국어 1〉 236~237쪽

2) 써 보세요.

오딜은
친구와 이야기하고
싶어요.

엠마는
_____
_____.

장위는
_____
_____.

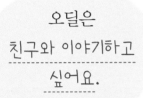
① 친구와 이야기하다

② 선생님께 편지를 쓰다

③ 운동장에서 발야구 하다

3. 연결해 봅시다.

① 방과 후에 뭐 하고 싶어?   •   •   고기하고 야채 먹고 싶어.

② 오늘 저녁에 뭐 먹고 싶어?   •   •   놀이공원에 가고 싶어.

③ 일요일에 어디 가고 싶어?   •   •   친구들하고 배드민턴 치고 싶어.

4. 여러분은 어때요? 3번 질문에 내 대답을 써 봅시다.

① 나는 방과후에 _____.

② _____.

③ _____.

2 급식

1. 골라 봅시다. 써 봅시다.

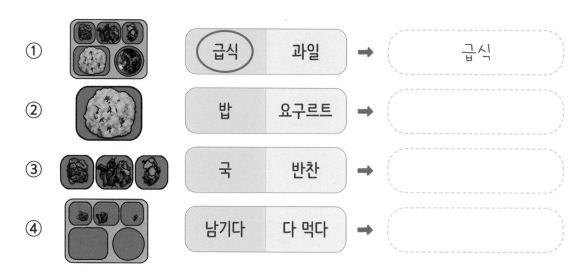

① 급식 / 과일 → 급식
② 밥 / 요구르트 →
③ 국 / 반찬 →
④ 남기다 / 다 먹다 →

2. 연결해 봅시다. 써 봅시다.

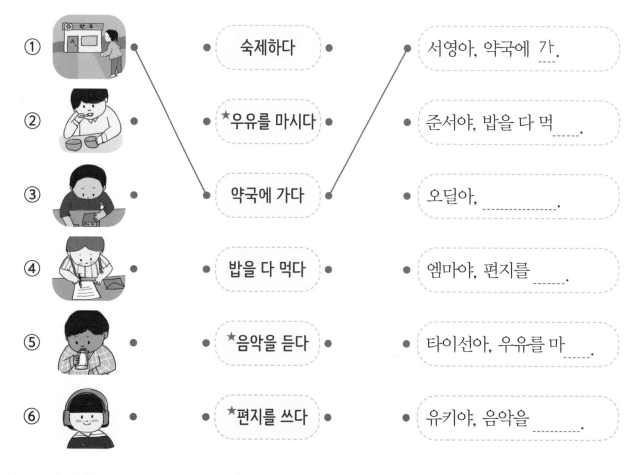

① 숙제하다 · 서영아, 약국에 가 ___.
② ★우유를 마시다 · 준서야, 밥을 다 먹 ___.
③ 약국에 가다 · 오딜아, _____.
④ 밥을 다 먹다 · 엠마야, 편지를 ___.
⑤ ★음악을 듣다 · 타이선아, 우유를 마 ___.
⑥ ★편지를 쓰다 · 유키야, 음악을 ___.

3. 오딜이 엄마와 이야기합니다. 써 봅시다.

오딜아, 오늘 급식에 뭐 나왔어?

국하고 야채가 나왔어요.

그래? 고기가 안 나왔어?

네. 안 나왔어요. 고기를 먹고 싶었어요.

급식을 다 먹었어?

아니요,
① _____.

오딜아, ② _____
_____.

네, 알겠어요.

4. 내 대답을 써 봅시다.

① 오늘 (어제) 급식에 뭐 나왔어요?

② 무슨 음식을 먹고 싶었어요?

3 하루 생활 1

1. 연결해 봅시다.

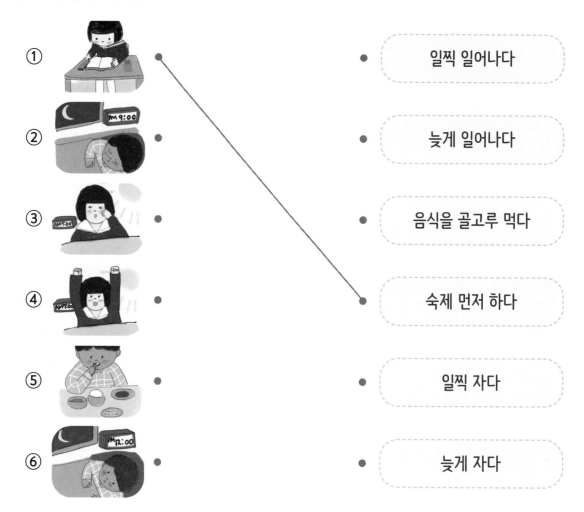

① · · 일찍 일어나다

② · · 늦게 일어나다

③ · · 음식을 골고루 먹다

④ · · 숙제 먼저 하다

⑤ · · 일찍 자다

⑥ · · 늦게 자다

2. 써 봅시다. 읽어 봅시다.

1) 써 보세요.

① 과자를 많이 먹다 ➡ 과자를 많이 먹지 마.

② 아침에 늦게 일어나다 ➡ 아침에 늦게 일어나지 마.

③ ★밤에 친구하고 놀다 ➡ 밤에 친구하고 놀지 마.

2) 써 보세요.

 ① 서영아, __그 의자에 앉지 마__. 물이 있어.
(그 의자에 앉다)

 ② 빈센트야, _____. 일찍 자!
(밤늦게 TV를 보다)

③ 오딜아, _____. 빨간불이야.
(지금 길을 건너다)

3. 알맞은 대답을 골라 봅시다.

① 선생님, 오딜하고 종이접기하고 싶어요.

☑ 지금 하지 마. 방과 후에 해.

☐ 지금 먹지 마. 수업 시간이야.

② 엄마, 주스 더 마시고 싶어요.

☐ 복도에서 뛰지 마.

☐ 마시지 마. 그건 동생 거야.

③ 아빠, 놀이터에서 놀고 싶어요.

☐ 지금 놀지 마. 저녁 먹어.

☐ 컴퓨터하지 마. 숙제 먼저 해.

4. 무슨 말을 하고 싶어요? 써 봅시다.

① 동생이 아침에 늦게 일어나요. ➡ 늦게 일어나지 마. 일찍 일어나.

② 친구가 학교 복도에서 뛰어요. ➡

③ 친구가 야채를 남겼어요. ➡

1. 연결해 봅시다. 써 봅시다.

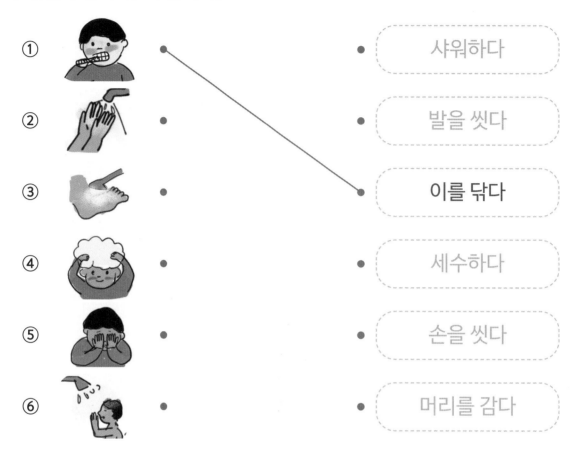

① 샤워하다

② 발을 씻다

③ 이를 닦다

④ 세수하다

⑤ 손을 씻다

⑥ 머리를 감다

2. 써 봅시다. 읽어 봅시다.

1) 써 보세요.

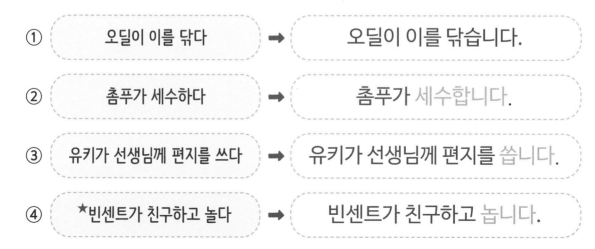

① 오딜이 이를 닦다 ➡ 오딜이 이를 닦습니다.

② 촘푸가 세수하다 ➡ 촘푸가 세수합니다.

③ 유키가 선생님께 편지를 쓰다 ➡ 유키가 선생님께 편지를 씁니다.

④ ★빈센트가 친구하고 놀다 ➡ 빈센트가 친구하고 놉니다.

2) 써 보세요.

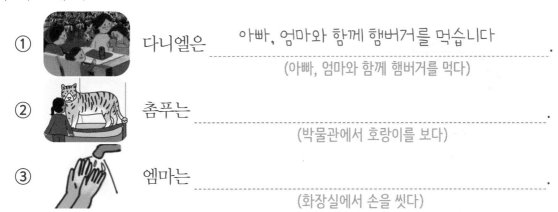

① 다니엘은 ___아빠, 엄마와 함께 햄버거를 먹습니다___.
　　　　　　(아빠, 엄마와 함께 햄버거를 먹다)

② 촘푸는 _____.
　　　　　　(박물관에서 호랑이를 보다)

③ 엠마는 _____.
　　　　　　(화장실에서 손을 씻다)

3. 읽어 봅시다. 써 봅시다.

오딜 동생이 손을 (① 씻다).

그런데 이를 안 (② 닦다).

오딜이 (③ 말하다) "이도 닦아!"

동생이 (③ 말하다)
"나 네 살이야. 이 못 닦아!"

① (씻습니다)　　② (　　　)　　③ (　　　)

4. 〈오딜의 편지〉를 다시 써 봅시다.

🍒 ♪
할아버지, 안녕하세요.
나는 오딜이에요.
나는 학교에서 열심히 공부해요.
도서관에서 책을 읽어요.
할아버지, 보고 싶어요.
안녕히 계세요.
오딜 올림

🍒 ♪
할아버지, 안녕하세요.
저는 오딜입니다.
안녕히 계세요.
오딜 올림

5 계획

1. 골라 봅시다.

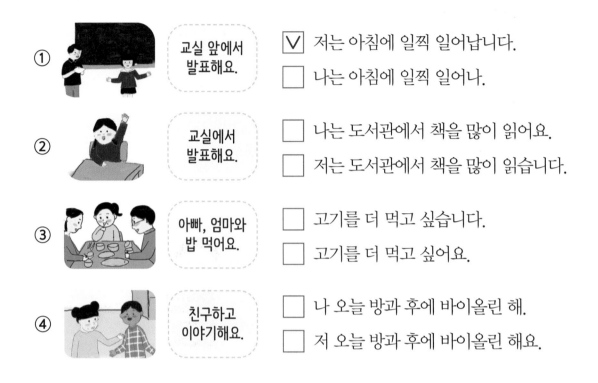

① 교실 앞에서 발표해요.

[✓] 저는 아침에 일찍 일어납니다.

[ ] 나는 아침에 일찍 일어나.

② 교실에서 발표해요.

[ ] 나는 도서관에서 책을 많이 읽어요.

[ ] 저는 도서관에서 책을 많이 읽습니다.

③ 아빠, 엄마와 밥 먹어요.

[ ] 고기를 더 먹고 싶습니다.

[ ] 고기를 더 먹고 싶어요.

④ 친구하고 이야기해요.

[ ] 나 오늘 방과 후에 바이올린 해.

[ ] 저 오늘 방과 후에 바이올린 해요.

2. 써 봅시다. 읽어 봅시다.

1) 써 보세요.

① 이를 닦다 ➡ 이를 닦겠습니다.

② 매일 발을 씻다 ➡ 매일 발을 씻겠습니다.

③ 밤에 일찍 자다 ➡ 밤에 일찍 자겠습니다.

④ 숙제를 먼저 하다 ➡ 숙제를 먼저 하겠습니다.

⑤ 저녁에 줄넘기를 하다 ➡ 저녁에 줄넘기를 하겠습니다.

2) 써 보세요.

① 저는 <u>초록불에 길을 건너겠습니다</u>.
(초록불에 길을 건너다)

② 저는 _____.
(음식을 골고루 먹다)

③ 저는 _____.
(도서관에서 책을 많이 빌리다)

④ 저는 _____.
(친구의 말을 잘 듣다)

3. 친구들이 발표를 합니다. 친구의 말을 다시 써 봅시다.

② 나는 우유를 잘 안 마셔요.
앞으로는 잘 마셔요.

① 나는 아침에 늦게 일어나요.
앞으로는 일찍 일어나요.

저는 아침에 늦게 일어납니다.
앞으로는 일찍 일어나겠습니다.

③ 나는 급식을 다 안 먹어.
앞으로는 다 먹어.

* 잘 배웠나요?

I. _____에 들어갈 알맞은 말을 골라 봅시다. [1-8]

〈보기〉	준서가 _____을/를 읽어요.
(①)	① 책　　② 책상　　③ 의자　　④ 필통

1. (　　　)

다니엘이 _____을/를 접어요.

① 연필　　　　② 가위　　　③ 풀　　　④ 색종이

2. (　　　)

지민이는 _____에 가요. 지우개를 사요.

① 약국　　　　② 꽃집　　　③ 문구점　　④ 편의점

3. (　　　)

학교 앞에 _____이/가 있어요. 빨간불이에요. 건너지 마세요.

① 차도　　　　② 육교　　　③ 신호등　　④ 지하도

4. (   )

저는 어제 연필을 세 _____ 샀어요.

① 개　　　　　② 명　　　　　③ 권　　　　　④ 자루

5. (   )

어제는 월요일이었어요. 오늘은 _____ 이에요.

① 화요일　　　② 수요일　　　③ 목요일　　　④ 금요일

6. (   )

오늘은 제 _____ 이에요. 친구들이 선물을 주었어요.

① 이름　　　　② 생일　　　　③ 수업　　　　④ 방학

7. (   )

오늘은 10월 1일이에요. _____ 은/는 10월 2일이에요.

① 어제　　　　② 내일　　　　③ 지난주　　　④ 작년

8. (   )

다니엘은 미술실에서 _____.

① 노래해요　　② 수영해요　　③ 그림 그려요　　④ 컴퓨터해요

II. 맞는 답을 고르세요. [9-12]

9. (　　　　)

> 준서는 5학년이에요. 오딜_____ 5학년이에요.

① 이   ② 은   ③ 는   ④ 도

10. (　　　　)

> 서영이는 오후 3시_____ 피아노를 쳐요.

① 에   ② 을   ③ 가   ④ 에서

11. (　　　　)

> 왼쪽_____ 가세요. 빵집이 있어요.

① 도   ② 에서   ③ 으로   ④ 하고

12. (　　　　)

> 화요일_____ 금요일에 과학 방과 후 수업이 있어요.

① 은   ② 에   ③ 으로   ④ 하고

Ⅲ. 다음을 읽고 맞는 답을 고르세요. [13-16]

13. (   )

가: 이름이 뭐예요?

나: _____.

① 장위예요   ③ 5학년이에요

② 미국에서 왔어요   ④ 반가워요

14. (   )

가: 오늘이 며칠이에요?

나: _____.

① 한 시예요   ③ 수요일이에요

② 12일이에요   ④ 여기는 학교예요

15. (   )

가: 이건 하미 가방이에요?

나: 아니요, _____.

① 하미 가방이에요

② 하미 가방이 아니에요

③ 하미 가방이 있어요

④ 하미 가방이 없어요

16. (   )

가: 수영을 할 수 있어요?

나: 아니요, _____.

① 수영을 못해요

② 수영을 잘해요

③ 수영을 안 해요

④ 수영을 할 수 있어요

Ⅳ. 읽고 ＿＿＿＿＿에 들어갈 알맞은 말을 골라 봅시다. [17-20]

17. (　　　)

안녕하세요?
저는 다니엘이에요.
필리핀에서 왔어요.

＿＿＿＿＿＿＿＿＿.

① 이건 책이에요

② 5학년 3반이에요

③ 초록불에 건너세요

④ 오늘은 5월 20일이에요

18. (　　　)

쉬는 시간이에요.
장위하고 타이선이 교실에 있어요.
장위는 글씨를 써요.

＿＿＿＿＿＿＿＿＿.

① 타이선은 화장실에 가요

② 타이선은 우유를 마셔요

③ 타이선은 종이접기를 해요

④ 타이선은 도서관에서 책을 빌려요

19. (   )

요일 교시	월	화	수	목	금
1	국어	수학	창체	영어	과학
2	영어	음악	국어	과학	국어
3	사회	국어	수학	국어	수학
4	수학	체육	사회	사회	영어
5	미술	실과	도덕	체육	창체
6	미술	실과		음악	창체

월요일 2교시에 영어 공부를 해요.

화요일 3교시에 국어 공부를 해요.

수요일 3교시에 수학 공부를 해요.

--- .

① 목요일 2교시에 과학 공부를 해요

② 목요일 4교시에 음악 공부를 해요

③ 금요일 1교시에 미술 공부를 해요

④ 금요일 4교시에 사회 공부를 해요

20. (   )

------------------------------------- .

컴퓨터도 할 수 있어요.

방과 후 학교에서 배웠어요.

피아노는 못 쳐요.

① 타이선은 컴퓨터를 못해요

② 타이선은 피아노를 잘 쳐요

③ 타이선은 자전거를 못 타요

④ 타이선은 수영을 할 수 있어요

정답

한글의 자음자와 모음자

1. ㅏ, ㅓ

3. ① 나 ② 너 ③ 나

4.

2. ㅗ, ㅜ

3. ① 소 ② 수 ③ 소

4.

3. ㅡ, ㅣ

3. ① 비 ② 버스

4.

4. ㅐ, ㅔ

3. ① 개 ② 게

4.

5. ㅑ, ㅕ

3. ① 여우 ② 야호

4.

6. ㅛ, ㅠ

3. ① 유 ② 요 ③ 우 ④ 요리 ⑤ 우유

4.

7. 낱말

1.
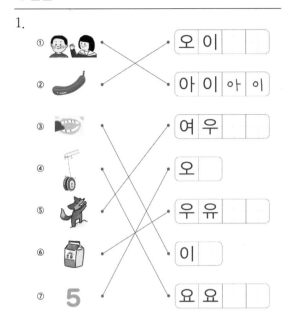

2.
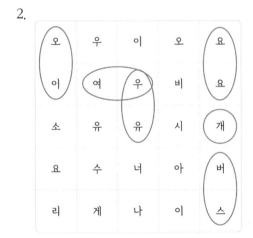

8. ㄱ, ㅋ

3.
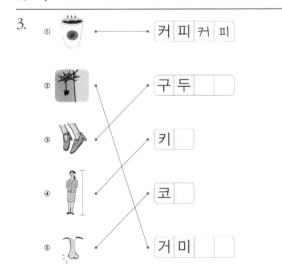

9. ㄴ, ㄷ, ㅌ

3.
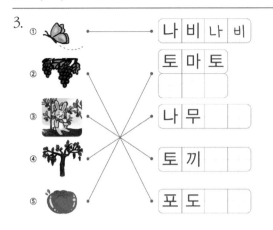

10. ㅁ, ㅂ, ㅍ

3. ② 포도 ③ 무 ④ 파

11. ㅅ

3.
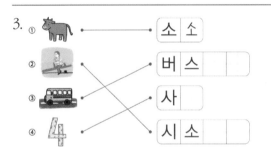

12. ㅈ, ㅊ

3. ① 모자 ② 치마 ③ 바지

16. 받침 ㅁ

1.
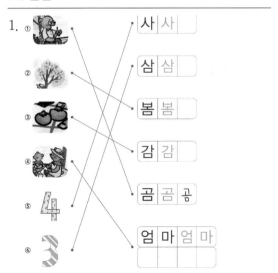

3. ① 삼 ② 사 ③ 곰 ④ 감 ⑤ 가 ⑥ 봄

3. ① 달 ② 손 ③ 논 ④ 발 ⑤ 별 ⑥ 볼

17. 받침 ㅇ

1.

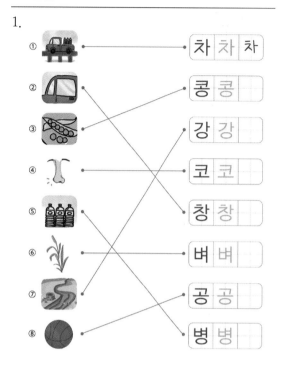

3. ① 코 ② 콩 ③ 벼 ④ 병 ⑤ 공 ⑥ 강

19. 받침 ㅂ, ㅍ

1.

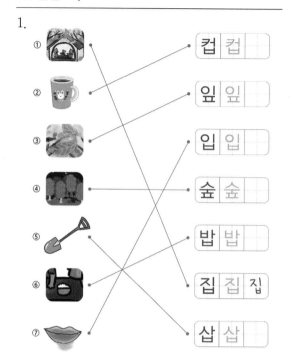

3. ① 컵 ② 숲 ③ 밥 ④ 집 ⑤ 삽 ⑥ 입

18. 받침 ㄴ, ㄹ

1.

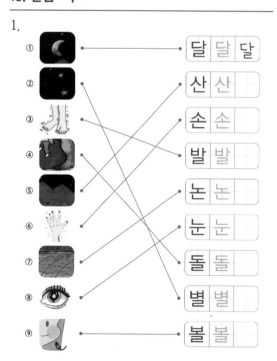

20. 받침 ㄱ, ㄲ, ㅋ

1.

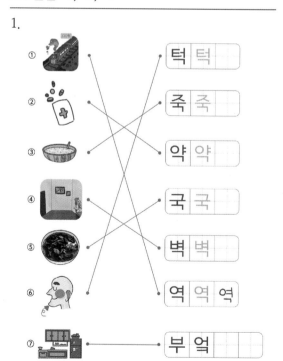

3. ① 역 ② 약 ③ 죽 ④ 국 ⑤ 벽 ⑥ 부엌

21. 받침 ㄷ, ㅅ, ㅆ, ㅈ, ㅊ, ㅌ, ㅎ

1.

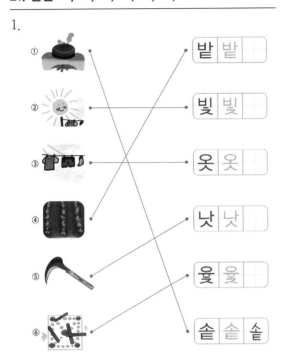

3. ① 솥 ② 옷 ③ 윷 ④ 밭 ⑤ 빛 ⑥ 낫

22. 겹받침

1.

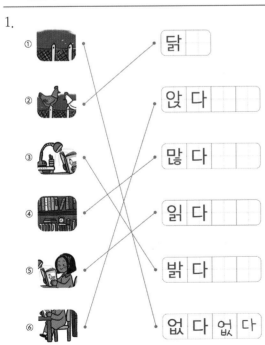

3.

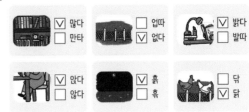

23. ㅒ, ㅖ

3. ① 계단 ② 시계

4.

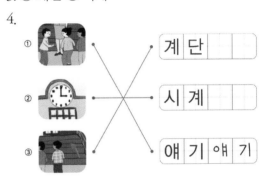

24. ㅘ, ㅝ

3. ① 소화기 ② 원숭이

4.

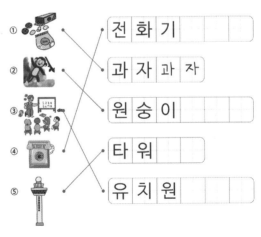

25. ㅟ, ㅢ

3. ① 의사 ② 바퀴 ③ 의자

4.
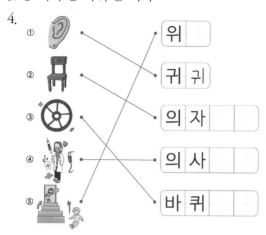

위	
귀	귀
의	자	
의	사	
바	퀴	

26. ㅙ, ㅚ, ㅞ

3. ① 돼지 ② 웨딩 ③ 교회

4.
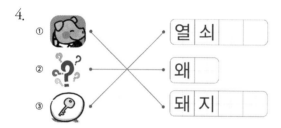

열	쇠	
왜	
돼	지	

27. 바르게 읽기

1.
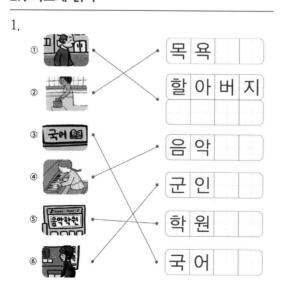

목	욕		
할	아	버	지
음	악		
군	인		
학	원		
국	어		

3. ① 군인 ② 학원 ③ 음악 ④ 목욕 ⑤ 할아버지

---

1. 이름

4. **예** 린이에요.

2. 나라 이름 1

1.
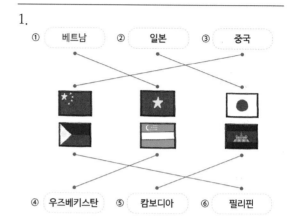

4. **예**

린/베트남
안녕하세요?
린이에요.
베트남에서 왔어요.

3. 나라 이름 2

3.
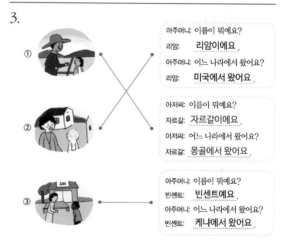

| | |
| 아주머니: 이름이 뭐예요? |
| 리암: **리암이에요.** |
| 아주머니: 어느 나라에서 왔어요? |
| 리암: **미국에서 왔어요.** |

| 아저씨: 이름이 뭐예요? |
| 자르갈: **자르갈이에요.** |
| 아저씨: 어느 나라에서 왔어요? |
| 자르갈: **몽골에서 왔어요.** |

| 아주머니: 이름이 뭐예요? |
| 빈센트: **빈센트예요.** |
| 아주머니: 어느 나라에서 왔어요? |
| 빈센트: **케냐에서 왔어요.** |

4. **예**

린이에요.
베트남에서 왔어요.

4. 숫자 1

1. ① 1 (일) 이   일   ⑥ 6 오 (육)   육
   ② 2 일 (이)   이   ⑦ 7 일 (칠)   칠
   ③ 3 (삼) 사   삼   ⑧ 8 (팔) 칠   팔
   ④ 4 삼 (사)   사   ⑨ 9 (구) 오   구
   ⑤ 5 (오) 이   오   ⑩ 10 (십) 칠   십

3. 필리핀에서 왔어요
   오 학년 삼 반이에요

5. 우리 반

1. ② ☑ 저는 타이선입니다.
   ③ ☑ 4학년 1반입니다.

3.

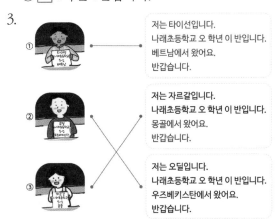

저는 타이선입니다.
나래초등학교 오 학년 이 반입니다.
베트남에서 왔어요.
반갑습니다.

저는 자르갈입니다.
나래초등학교 오 학년 이 반입니다.
몽골에서 왔어요.
반갑습니다.

저는 오딜입니다.
나래초등학교 오 학년 이 반입니다.
우즈베키스탄에서 왔어요.
반갑습니다.

4. 예
린/나래/사/삼/베트남에서 왔어요. 반갑습니다.

2단원 내 물건

1. 교실 물건

3.

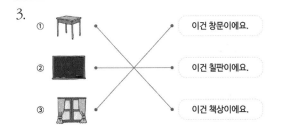

① 이건 창문이에요.
② 이건 칠판이에요.
③ 이건 책상이에요.

④ ② 칠판이에요
   ③ 의자예요

2. 학용품

2. ② 지우개
   ③ 색종이
   ④ 스케치북
3. ① 연필이에요
   ② 스케치북이에요/지우개예요
   ③ 색종이에요/가위예요
4. 가방이에요
   지우개예요
   풀이에요
   가위예요

3. 이것, 그것, 저것

2.

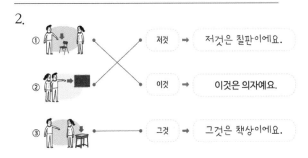

① 저것 → 저것은 칠판이에요.
② 이것 → 이것은 의자예요.
③ 그것 → 그것은 책상이에요.

3. ② 누구/유키 필통이에요
   ③ 누구/다니엘 가방이에요
4. ② 엠마 지우개예요.
   ③ 타이선 색종이예요.

4. 숫자 2

1. 둘/넷/여섯/여덟/열

2.

개   권
명   자루

3.

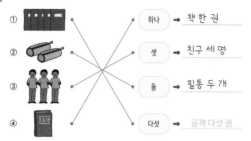

4. ② 몇 개예요?/다섯 개예요.
   ③ 몇 권이에요?/두 권이에요.
   ④ 몇 명이에요?/한 명이에요.

5. 물건 주인

1. ② 네 ③ 아니요 ④ 아니요
2. ② 가위가 아니에요.
   ③ 지우개가 아니에요.
   ④ 필통이 아니에요.
3. ② 아니요/(유키 필통)이 아니에요/장위 필
     통이에요
   ③ 아니요/(타이선 가방)이 아니에요/준서
     가방이에요
   ④ 아니요/(장위 가위)가 아니에요/엠마 가
     위예요
4. **예**
   (저는) 유리예요
   (저는) 5학년 2반이에요
   (이것은 제) 공책이 아니에요
   민지 공책이에요

3단원 우리 학교

1. 있어요, 없어요

1. ② ☑ 없어요 ③ ☑ 있어요
   ④ ☑ 있어요 ⑤ ☑ 없어요
2. ② ☑ 가 있어요/의자가 있어요.

③ ☑ 이 있어요/가방이 있어요.
3. ② (지우개)가 있어요/없어요
   ③ (풀)이 있어요/아니요, 없어요
   ④ (가위)가 있어요/네, 있어요
4. **예**
   풀이 있어요.
   연필이 있어요. 가위가 있어요.
   색종이가 있어요.

2. 위치

1. ② 뒤 ③ 위 ④ 아래 ⑤ 옆 ⑥ 안 ⑦ 밖
2. ② (책이) 의자 위에 없어요
   ③ (지우개가) 공책 아래에 있어요
   ④ (가방이) 의자 옆에 없어요
3. ② (지우개가 의자) 아래에 있어요
   ③ (필통이 가방) 안에 있어요
   ④ (연필이 공책) 옆에 있어요
4. (공책은) 의자 아래에 있어요 또는 스케치북
   옆에 있어요
   (스케치북은) 의자 아래에 있어요 또는 공책
   옆에 있어요 또는 가방 옆에 있어요
   (필통은) 의자 뒤에 있어요
   (가방은) 의자 옆에 있어요 또는 스케치북 옆
   에 있어요

3. 교실 이름

1.

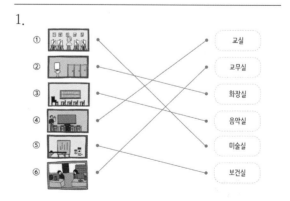

3. ② 어디/미술실
   ③ 어디/보건실

④ 어디에 있어요/음악실에 있어요
4. ② 미술실 옆에 있어요. 또는 우리 교실 앞에
있어요.
③ 보건실 옆에 있어요. 또는 교무실 앞에 있어요.
④ 음악실 옆에 있어요. 또는 우리 교실 옆에
있어요. 또는 미술실 앞에 있어요.

4. 교실 위치

1. ② 3층 ③ 2층 ④ 3층
2. ② 미술실 ③ 우리 교실 ④ 화장실
⑤ 보건실 ⑥ 교무실
3. ② (서영이)도 5학년이에요
③ (장위)도 과학실에 있어요
④ (교무실)도 1층에 있어요
4. 예
(미술실)은 2층에 있어요
(과학실)도 2층에 있어요
(화장실)은 1층에 있어요
(급식실)도 1층에 있어요
(교무실)은 2층에 있어요
(우리 교실)은 3층에 있어요

5. 동작을 나타내는 말 1

1. ② 이야기하다 ③ 자다 ④ 숙제하다 ⑤ 놀다
2. ② 자요 ③ 있어요 ④ 숙제해요
3. ② (오딜이) 놀아요
③ (유키가) 이야기해요
④ (준서가) 청소해요
4. (오치는) 놀아요
(스텔라는) 이야기해요
(미미는) 자요
(카밀은) 숙제해요

1. 가게

1.
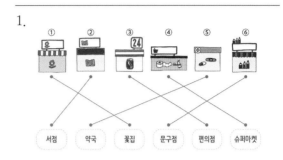

3. ② (빵집)에 가요
③ (어디)에 가요/약국에 가요
④ 어디에 가요/분식집에 가요
4. 저는 편의점에 가요
저는 서점에 가요
저는 문구점에 가요
저는 약국에 가요

2. 동작을 나타내는 말 2

1.
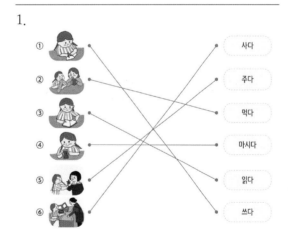

2.
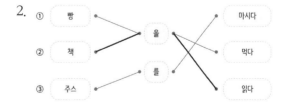

3. ② 꽃을 줘요

③ 책을 읽어요

④ 카드를 써요

4. **예**

(준서는) 빵을 먹어요

(다니엘은) 주스를 마셔요

(유키는) 카드를 써요

(나는) 책을 읽어요 또는 빵을 먹어요 또는
우유를 마셔요 등

3. 우리 집 앞

1. ② 육교 ③ 차도 ④ 지하도 ⑤ 신호등
   ⑥ 횡단보도

2. ② 읽으세요. ③ 쓰세요. ④ 건너세요.

3. ② 지하도를 건너세요
   ③ 횡단보도를 건너세요

4. 서점이 (있어요.)
   (서점 옆에) 꽃집이 (있어요.)
   (꽃집 옆에) 육교가 (있어요.)
   육교를 건너세요.

4. 색깔

1.

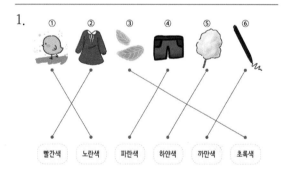

| 빨간색 | 노란색 | 파란색 | 하얀색 | 까만색 | 초록색 |

3. ② 파란색 가방이에요.
   ③ 노란색 필통이에요.
   ④ 하얀색 스케치북이에요.

4. 까만색 가방이 있어요
   파란색 공책이 있어요
   노란색 필통이 있어요
   초록색 색종이가 있어요

5. 교통 신호

1.

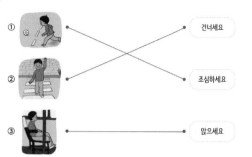

2. ② 앉지 마세요.
   ③ 건너지 마세요.
   ④ 이야기하지 마세요.

3. 건너지 마세요.
   가세요./가지 마세요.
   조심하세요.

4. ② 쓰지 마세요.
   ③ 가지 마세요.
   ④ 먹지 마세요.

5단원 학교생활

1. 수업 시간

1. ② × ③ ○ ④ ×

2. ② 놀아 ③ 읽어 ④ 숙제해 ⑤ 써

3. ② (장위가) 숙제해
   ③ (음악실이) 3층에 있어
   ④ (엠마가) 주스를 사

4. **예**
   ② 빵을 먹어. 등
   ③ 주스를 사. 등

2. 학교 소개

1.

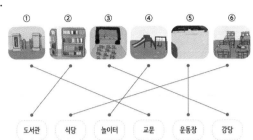

2. ② 야/놀이터야.

③ 이야/운동장이야.

④ 야/육교야.

3. ② 타이선이야

③ 준서 가방이야

④ 미술실이야

4. **예**

(나는) 주디야

(우리 학교는) 한국초등학교야

(나는) 5학년이야

(내 친구 이름은) 김지민이야

3. 방향

1. ② 오른쪽 ③ 위층 ④ 아래층

2. ② 으로/이쪽으로 가세요.

③ 으로/위층으로 가세요.

④ 로/뒤로 가세요.

3. ② 저쪽으로 가

③ 오른쪽으로 가

4. **예**

② 왼쪽에 민호가 있어요. 등

③ 위층에 미술실이 있어요. 등

④ 아래층에 음악실이 있어요. 등

4. 쉬는 시간

1. ② 찰흙 놀이 ③ 공기놀이 ④ 숨바꼭질

2.

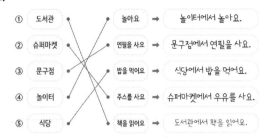

3. ② 운동장에서 딱지치기를 해요

③ 도서관에서 책을 읽어요

④ 집에서 자요

4. **예**

② 책을 읽어요. 또는 책을 빌려요. 등

③ 밥을 먹어요. 등

④ 딱지치기를 해요. 공기놀이를 해요. 등

5. 학교에서 하는 일

1.

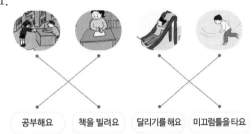

2. ② 공부하러 가요

③ 사러 가요

④ 읽으러 가요

3. ② 달리기를 하러 가

③ 연필을 빌리러 가

④ 책을 읽으러 가

4. **예**

② 운동장에 가./달리기를 하러 가.

③ 학교에 가./공부하러 가.

6단원 하루 일과

1. 시간 표현 1

1. 1) ② 오후 ③ 아침 ④ 점심 ⑤ 저녁
   2) ② 오후에 집에 가요
      ③ 아침에 아침 식사를 해요
      ④ 점심에 축구를 해요
      ⑤ 저녁에 텔레비전을 봐요
2. ② 아침 ③ 저녁에/저녁, 바이올린
3. ② 저녁 ③ 점심 ④ 오후

2. 시간표

1. 1)

3. 3/금요일/체육

3. 일주일 생활

1. 체육관/안 가. 할머니 집에 가/해
2. ② × ③ ○ ④ ×
3.

월요일	화요일	수요일	목요일	금요일	토요일	일요일
로봇 방과 후	바이올린 방과 후	체육관	로봇 방과 후	미술 방과 후	놀이터	놀이터

4. 날짜

2.

---

5. 시간

2.

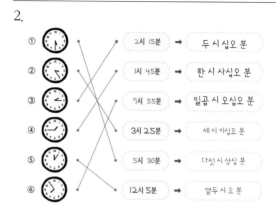

① → 5시 30분 → 다섯 시 삼십 분
② → 12시 5분 → 열두 시 오 분
③ → 2시 15분 → 두 시 십오 분
④ → 1시 45분 → 한 시 사십오 분
⑤ → 3시 25분 → 세 시 이십오 분
⑥ → 7시 55분 → 일곱 시 오십오 분

3. ② 지금 몇 시예요? 2시 15분이에요.
   ③ 지금 몇 시예요? 12시 5분이에요.
   ④ 지금 몇 시예요? 7시 55분이에요.

7단원 놀이와 운동

1. 시간 표현 2

1. ②

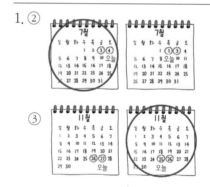

③

3.

① 오늘이 몇 월 며칠이에요? — 오늘은 10월 22일이에요.
② 내일은 몇 월 며칠이에요? — 내일은 10월 23일이에요.
③ 지난달은 몇 월이에요? — 지난달은 9월이에요.
④ 작년은 몇 년이에요? — 작년은 2019년이에요.

4. **예**
   ① 사 월 십육 일이에요.
   ② 사 월 십오 일이에요.
   ③ 삼 월이에요.

2. 놀이 장소

1.

① 박물관 놀이공원 → 박물관
② 놀이공원 동물원 → 놀이공원
③ 코끼리 호랑이 → 코끼리
④ 코끼리 공룡 → 공룡

2. 2) ② 놀이공원에서 빵을 먹었어요.
③ 박물관에서 숙제를 했어요.

3.
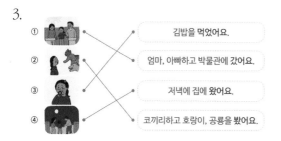

① 김밥을 먹었어요.
② 엄마, 아빠하고 박물관에 갔어요.
③ 저녁에 집에 왔어요.
④ 코끼리하고 호랑이, 공룡을 봤어요.

4. 예
① 빵을 먹었어요.
② 엄마하고 이야기했어요.

3. 놀이와 운동 1

1.
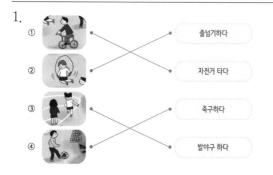

① 줄넘기하다
② 자전거 타다
③ 축구하다
④ 발야구 하다

2. 2) ② 김치를 먹을 수 있어요
③ 배드민턴을 칠 수 있어요

3. ② ☑ 네, 빌릴 수 있어요.
③ ☑ 아니요, 읽을 수 없어요.

4. 예
② 응, 자전거 탈 수 있어.
③ 훌라후프 할/아니, 훌라후프 할 수 없어.

4. 놀이와 운동 2

1.
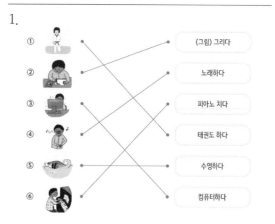

(그림) 그리다
노래하다
피아노 치다
태권도 하다
수영하다
컴퓨터하다

3. ② 컴퓨터할 수 있어
③ 피아노는 못 쳐

4. 예
노래할 수 있어요./태권도 할 수 있어요.
그림을 못 그려요./수영 못해요.

5. 할 수 있는 일

1. ②
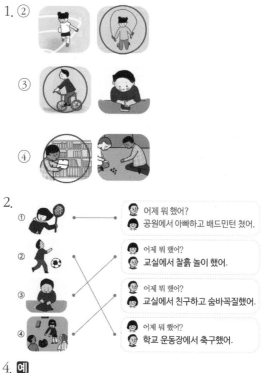

③
④

2.
① 어제 뭐 했어?
공원에서 아빠하고 배드민턴 쳤어.

② 어제 뭐 했어?
교실에서 찰흙 놀이 했어.

③ 어제 뭐 했어?
교실에서 친구하고 숨바꼭질했어.

④ 어제 뭐 했어?
학교 운동장에서 축구했어.

4. 예
컴퓨터할 수 있어요.
방과 후 수업에서 배웠어요.

8단원 바른 생활

1. 음식

1.

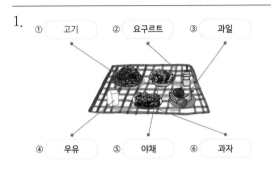

① 고기 ② 요구르트 ③ 과일
④ 우유 ⑤ 야채 ⑥ 과자

2. 1) ② 고 싶어요 ③ 고 싶어요

　 2) ② 선생님께 편지를 쓰고 싶어요

　　 ③ 운동장에서 발야구 하고 싶어요

3.

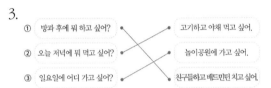

① 방과 후에 뭐 하고 싶어?　고기하고 야채 먹고 싶어.
② 오늘 저녁에 뭐 먹고 싶어?　놀이공원에 가고 싶어.
③ 일요일에 어디 가고 싶어?　친구들하고 배드민턴 치고 싶어.

4. 예

　 ① 친구들하고 술래잡기하고 싶어요

　 ② 고기를 먹고 싶어요

　 ③ 놀이공원에 가고 싶어요

2. 급식

1.

① 급식 | 과일 → 급식
② 밥 | 요구르트 → 밥
③ 국 | 반찬 → 반찬
④ 남기다 | 다 먹다 → 남기다

2.

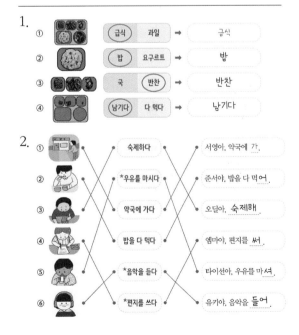

① 숙제하다　서영아, 약국에 가.
② *우유를 마시다　준서야, 밥을 다 먹어.
③ 약국에 가다　오딜아, 숙제해.
④ 밥을 다 먹다　엠마야, 편지를 써.
⑤ *음악을 듣다　타이선아, 우유를 마셔.
⑥ *편지를 쓰다　유카야, 음악을 들어.

3. ① 남겼어요

　 ② 반찬을 남기지 마. 다 먹어

4. 예

　 ① 고기하고 야채가 나왔어요.

　 ② 빵을 먹고 싶었어요.

3. 하루 생활 1

1

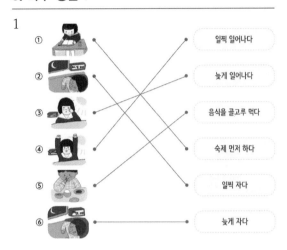

① 일찍 일어나다
② 늦게 일어나다
③ 음식을 골고루 먹다
④ 숙제 먼저 하다
⑤ 일찍 자다
⑥ 늦게 자다

2. 2) ② 밤늦게 TV를 보지 마

　　 ③ 지금 길을 건너지 마

3. ② ☑ 마시지 마. 그건 동생 거야.

　 ③ ☑ 지금 놀지 마. 저녁 먹어.

4. ② 복도에서 뛰지 마. 조심해.

　 ③ 야채를 남기지 마. 다 먹어.

4. 하루 생활 2

1.

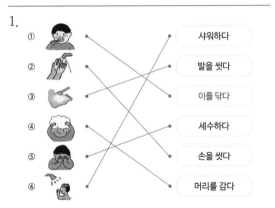

① 샤워하다
② 발을 씻다
③ 이를 닦다
④ 세수하다
⑤ 손을 씻다
⑥ 머리를 감다

2. 2) ② 박물관에서 호랑이를 봤습니다

　　 ③ 화장실에서 손을 씻었습니다

3. ② 닦습니다
   ③ 말합니다
4. 저는 학교에서 열심히 공부합니다.
   도서관에서 책을 읽습니다.
   할아버지, 보고 싶습니다.

5. 계획

1. ② ☑ 저는 도서관에서 책을 많이 읽습니다.
   ③ ☑ 고기를 더 먹고 싶어요.
   ④ ☑ 나 오늘 방과 후에 바이올린 해.
2. 2) ② 음식을 골고루 먹겠습니다
      ③ 도서관에서 책을 많이 빌리겠습니다
      ④ 친구의 말을 잘 듣겠습니다
3. ② 저는 우유를 잘 안 마십니다.
   앞으로는 잘 마시겠습니다.
   ③ 저는 급식을 다 안 먹습니다.
   앞으로는 다 먹겠습니다.

● '잘 배웠나요?' 정답

1. ④   2. ③   3. ③   4. ④   5. ①   6. ②   7. ②   8. ③   9. ④   10. ①

11. ③   12. ④   13. ①   14. ②   15. ②   16. ①   17. ②   18. ③   19. ①   20. ④

메모

메모

기획·담당 연구원 ──

정혜선 국립국어원 학예연구사
이승지 국립국어원 연구원
박지수 국립국어원 연구원

집필진 ──

책임 집필

이병규 서울교육대학교 국어교육과 교수

공동 집필

박지순 연세대학교 글로벌인재학부 교수
손희연 서울교육대학교 국어교육과 교수
안찬원 서울창도초등학교 교사
오경숙 서강대학교 전인교육원 교수
이효정 국민대학교 교양대학 교수
김세현 서울명신초등학교 교사
김정은 서울가원초등학교 교사
박유현 연세대학교 언어연구교육원 한국어학당 강사

박지현 연세대학교 언어연구교육원 한국어학당 강사
박혜연 서울교대부설초등학교 교사
신윤정 서울도림초등학교 교사
신현진 서울강동초등학교 교사
이은경 세종사이버대학교 한국어학과 교수
이현진 서울천일초등학교 교사
조인옥 연세대학교 언어연구교육원 한국어학당 교수
강수연 서울구로중학교 다문화이중언어 교원

초등학생을 위한
표준 한국어 익힘책
고학년 의사소통 1

ⓒ 국립국어원 기획 | 이병규 외 집필

초판 1쇄 인쇄 | 2020년 1월 28일
초판 5쇄 발행 | 2023년 11월 22일

기획 | 국립국어원
지은이 | 이병규 외
발행인 | 정은영
책임 편집 | 한미경
디자인 | 표지디자인붐, 박현정 본문박현정, 이경진, 정혜미
일러스트 | 우민혜, 민효인, 김채원, 고굼씨
사진 제공 | 셔터스톡

펴낸곳 | 마리북스
출판 등록 | 제2019-000292호
주소 | (04037) 서울시 마포구 양화로 59 화승리버스텔 503호

전화 | 02)336-0729, 0730
팩스 | 070)7610-2870
이메일 | mari@maribooks.com
인쇄 | (주)신우인쇄

ISBN 979-11-89943-23-3 (64710)
       979-11-89943-11-0 (64710) set